Catcher

一如《麥田捕手》的主角，
我們站在危險的崖邊，
抓住每一個跑向懸崖的孩子。
Catcher，是對孩子的一生守護。

Parenting Class
美國袋鼠媽媽伴學去

1000堂親子溫馨共享的教育課

加州大學兒童發展碩士 林滋恩 著

我是阿米兒

我是男生，我住加州。爸爸是律師，媽媽以前教書。一歲多，我就和媽咪一起上學喔……

表達課

我很喜歡Rita老師，
當我對她說：
「I love you! Miss Rita!」
媽咪嚇一大跳，
因為我是用英文！

「Parenting Class」親職課結束，Rita老師送給每位媽咪「20個教養出一級棒孩子的方法」的書籤。
媽咪好感動，因為這20個育兒妙方是「Parenting Class」課堂裡媽媽們討論過的內容。

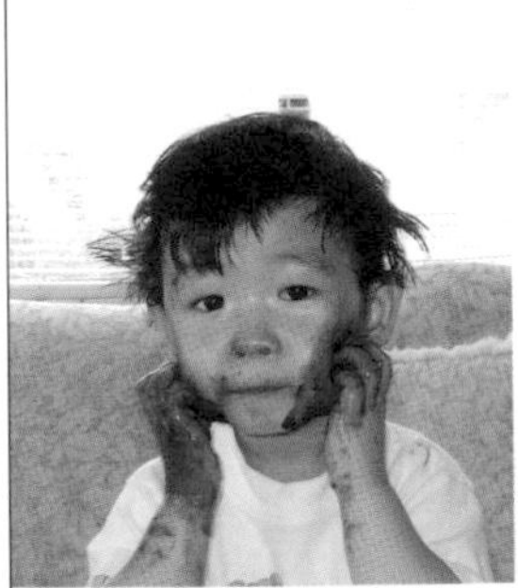

禮貌課

本來我很害羞，
但現在下課時，
我已經會和老師抱抱說再見！

社交課

我最喜歡在戶外上課了，
教室變好大。
猜猜看，
我在哪裡啊？

生命課

這是老師的寵物兔子，她叫黛西。
黛西會表演一招絕技，
哇！她會四腳朝天。

寵物課

阿公幫我抓了寵物——甲蟲。
其實，我真正的寵物是一枝花。本來，我晚上還想跟花兒一起睡。
但媽咪說：「花兒喜歡睡在花瓶裡。」
我只好親了一下花兒說：「Good night! See you tomorrow!」

小農夫課

媽咪幫我報名Kidspace Children's Museum的「小嫩芽園藝俱樂部」，我自己種出小番茄，好好吃。

想像力&創意課

我最喜歡畫畫，不只是牆上，連大南瓜上都可以畫喔！

分享課

來，我們一起玩嘛，一起share啊！

我是阿米兒，
我喜歡媽咪跟我一起上學！

推薦序／

讓孩子明白，他是獨一無二的

◎瑪莉貝絲・哈瑞老師
（美國巴市市立學院親職教育課程專職老師）

巴沙迪那市（Pasadena）的親職教育課程是加州歷史最悠久的親職教育課程，它是洛克菲勒基金會（Laura Spelman Rockefeller Foundation）在一九二六年分別撥款給加州大學與加州教育部以設立兒童福利機構與親職教育的課程。勞斯博士（Gertrude Laws）是該基金的受益人之一，她在加州大學修完親子關係的博士學位之後與當時親職教育課程的負責人托爾茲醫師（Herbert R. Stolz），以及她的好友該茲曼（Pauline Gartzmann）三人，在一九三三年成立了位於巴市的第一間親子觀察教室。

它位於加州理工學院的土得曼公園，是當時稱之為「遊戲團體」的第一間親子觀察教室。一九四三年巴市學區的親職教育部正式將「遊戲團體」正名為「家長研究室」，負責的老師稱之為「遊戲團體領袖」，此課程到如今已有七十多年的歷史。

自成立以來，親職教育已成為加州政府不可或缺的教育計畫之一。親職教育的目的在於幫助家長成為兒女最初與最具影響力的啟蒙老師，並強調家長在幫助孩子融入學校環境與教育角色的重要性。

親職課程的目標在於：

強調親職教育的重要性，家庭（家長）是孩子最早的啟蒙老師。

為孩子提供一個適齡、啟發性、無偏見的學習環境。

幫助家長發掘孩子的獨特性與價值，並了解孩子每階段的發展。

鼓勵家長與孩子自我認知並建立自尊心，進而了解家長在未來學齡教育中所扮演的角色。

提供家長一個學習成長的環境與支援。

強調以同理心來觀察孩子的活動與興趣。

提供社區資訊。

我在二〇〇四年一月擔任巴市市立學院親職教育課程的老師。我擁有人類發展學士學位以及婚姻與家庭輔導的碩士學位。

每一天我與這些家長和孩子在一起，幫助他們更加了解學前教育，孩子也在這裡學習更了解自己與周遭的環境。當我第一次遇到阿米兒時，我花了一些時間來觀察他。雖然當時他的英文溝通能力有限，但我總是盡量鼓勵他與我用英語互動，但同時也鼓勵小恩繼續用母語中文與他溝通。

我透過美術、團體活動、說故事、唱遊等各種有趣的活動幫助孩子了解新字彙、認識新觀念，另外我也用遊戲與科學活動的方式幫助孩子發展思考能力。孩子將能經由遊戲來學習如何解決問題。

當我與阿米兒在一起時，我鼓勵他多多嘗試不同的玩具設備——用手摸、敲打、堆砌、搖晃，或任何他喜歡的方式。我記得阿米兒很喜歡玩玩具車，有一回他把玩具車浸在肥皂水裡，說是「在洗車」。我鼓勵他好好把車洗乾淨，還要記得「打蠟」，於是他很認真的把所有的玩具車都洗過一遍，並用紙巾擦乾。

這就是孩子創意的玩法，他們總能想出有趣的遊戲方式。孩童透過這樣的玩法，建立了自信心，並學習與老師溝通，而做家長的也因此學到，讓孩子自己發展新玩法並發展創意的重要性。

我的教學目標是讓孩子明白，「我是獨一無二的」。他是被愛的，他是如此的特別，有著屬於自己的獨特性與潛能。當孩子對自我的感覺是正面積極的時候，他們會變得更有自信並願意去接受新的挑戰。

當阿米兒的自信心漸漸加強後，我發現他變得更主動願意去嘗試新事物。阿米兒喜歡的活動之一是玩顏料。他喜歡用手做畫，將手整個伸進顏料罐裡，弄得整隻手都是顏色，他甚至還想嘗嘗顏料的味道。他也喜歡在不同的材料上作畫，有一回甚至拿顏料來洗頭，這些都是很好的實驗活動。

我發現阿米兒是個觀察力很強的孩子，他喜歡在一開始的時候保持距離地觀察周遭環境。我鼓勵小恩讓他繼續觀察，不要強迫他馬上融入團體活動。等時候到了，他自己覺得自在了，就會有興趣加入，而阿米兒果然也漸漸敞開心胸，加入了小朋友的團體活動。

很快地，我發現他對音樂的興趣。阿米兒很喜歡音樂並有很好的節奏感與音感。他能用玩具或小鼓很有節奏地跟著音樂打拍子。阿米兒在唱遊音樂方面找到了自信，並幫助他融入了團體。

在與阿米兒相處的這段時光裡，我不單看到一個孩子的成長，也看到一位媽媽的進步。其實只要一點點的鼓勵與用心，就能幫助一位母親成為更有自信的媽媽。

我們也期待每位媽媽都能看見，孩子需要的，不外乎是無條件的愛、呵護與接納，以及接納孩子本來的模樣。如果我們能在孩子的啟蒙時期就給予他們這樣的尊重，那我們也等於已經在未來投資下了良好親子關係的資本！

（感謝作者林滋恩的翻譯）

推薦序／
媽咪不畢業

◎蘇文安
（美國真愛家庭協會副會長、《真愛家庭》雜誌主編，資深文字工作者）

初識小恩，是二〇〇八年夏天。當時我在南加州太平洋濱那美景如畫的培柏坦大學（Pepperdine University）校園中，為創世紀文字培訓書苑擔任第一屆文字實務營老師。

我立刻就覺察到：笑容可掬、爽朗活潑的小恩，是任何有心栽培良質美材者夢寐以求的「高足」。首先，她能寫、又勤寫，當時已經營「大姊小恩的部落格」超過兩年；其次，她肯學、又學得快，課堂內外，舉一反三、觸類旁通；還有，她的多元文化背景（這年小恩在台、在美生活的年日正好各占歲數的一半），她的理論、實務兼具（學兒童發展，又親自帶孩子），使她的靈感與題材源源不絕、鮮活動人。

我常在課堂上強調：「工人先於工作，作者重於作品，真誠勝於一切。」文章是「人」寫的，而來到我班上的學員們，其背景學養、人生經歷、人格特質、性向喜好，在我們師生相遇前早已積累成形。身為老師，所能做的只是引導他們發掘上天放在各人生命中獨特的寶貝，用最適合他們的風格，以文學美感淬煉，真誠地與讀者分享，並在此過程中認真自省、追求突破，使自己的「人」與「筆」皆進入不斷更新成長的善性循環中。

兩年來，欣見小恩在她當下人生中至緊要的三大主軸——婚姻、親職和書寫上有著全方位的成長。一顆成長中的心靈，用一枝成長中的筆所耕耘出來的故事，必定是生機盎然、振奮人心，且能激發讀者一塊兒成長的。這本《美國袋鼠媽媽伴學去——1000堂親子溫馨共享的教育課》，正是如此！

誠如書名所宣示的，小恩認為，「媽咪和孩子只是同學」，二〇〇四年，阿米兒來到世上當他們家的小孩，是菜鳥寶貝，而她自己也在二〇〇四年初為人母，當然就成了菜鳥媽媽囉！母子兩人，都在生命的大課堂裡當學生。在這樣的大前提下，小恩睜大她那雙受過「兒童發展學」嚴謹訓練的慈母之眸，蹲下身來，順著孩子的視線，觀察、回應、思索他的喜、怒、哀、樂、困惑、領悟……，並以生花妙筆為我們彩繪出以孩子為主體的、充滿童趣與驚奇的美麗新世界。

本書四個單元中，無論是「Mommy and me」親職課程、preschool的所學所歷、小嫩芽的農夫課，或是阿米兒混沌初開期的親子互動點滴，皆是一位願意全力以赴、全心學習的全職媽咪寶貴的記憶與分享，深信必能為競逐於繁囂成人世界中的讀者們，帶來新鮮深刻的啟迪，更能讓終日在幼兒身心靈需求中疲於奔命的媽咪們，生發盼望與激勵。

小恩說，媽咪永遠是學生，不會成為畢業生。那麼，一個孩子就可以讓媽咪永遠畢不了業，何況是兩個、三個？——就在這本書問世時，小恩的第二個寶貝也已面世了——「新鮮出爐」才幾個禮拜呢！我們可以合理地期待：過不了多久，就能夠讀到晉升為二子之母的小恩，在生命園圃中那生生不息的新感受和新發現了！

自序／

牽起孩子的手，與他一同「上學」

孩子，是上天賜給我們的禮物。

我們不能預先選擇禮物的「內容」，甚至是禮物的「包裝」；但我們可以用一種驚喜與感恩的態度來領受這份珍貴的禮物。

因為賜予這份禮物的，是生命的源頭，祂將這份珍貴的禮物送父母，也讓父母學會「送禮」的真諦，進而了解什麼是「施比受更為有福」。

從孩子一出生，身邊的家人就不斷地給予他許多的禮物。除了有形有體的東西，還有那些看不到摸不著，卻可以用心感受的禮物。就像爺爺牽著孫子的手去公園散步、一遍又一遍的推著他盪鞦韆；還有當爸爸下班回來，孩子飛奔進他的懷裡，爸爸「把我舉高高」，父子發出開心的格格笑聲；以及媽媽永遠記得在睡前給孩子一個吻……這些，都是禮物。

當有人願意花精力在孩子身上、將時間留給孩子、陪他玩耍、跟他一起大笑、替他擔憂、為他流淚，不住的禱告……時，這個孩子，是幸福的、是富足的。

而那給予孩子這些禮物的父母，我覺得，也是幸福的、富足的。

身為海外移民，在異鄉教養第二代，自有其不同的挑戰與難度。特別是居住在族裔多元化的加州，時時有機會接觸不同的家庭文化觀念與婚姻育兒理論；身為一個母親，如何在這瞬息萬變的環境中，摸索出一套屬於自己的「媽媽經」，如何將他人口中所謂的「小ABC」（American born Chinese）好好帶大，使他不至於迷失在「我是中國人還是美國人」的認同問題裡，並且能夠自在地遊走於東西文化中並欣賞接受兩者的異同，實在是項永遠也學不完的功課。

「美國媽媽是怎麼帶孩子的？」「美國老師是怎麼教孩子的？」「我需要照美國人的那一套來養育我的下一代嗎？」這是很多身在美國的移民母親，或多或少會有的疑問。儘管自己來美後所學、所做的，都與兒童教育有關，但當自己身為母親後，面對同樣的問題時，還是有「書到用時方恨少」的恐慌與疑惑。「百聞不如一見」、「百見不如親自下海」——於是我決定牽起孩子的手，親自與他一同「上學」，一起來學習。

「工作，以後不一定還會有。錢，以後也不見得就能再賺。可孩子的童年若錯過了，是一定再也回不去的了！」如此的想法，使我決定在家當全職媽媽。

我感謝上天，因為祂如此厚待我，讓我可以沒有後顧之憂的在家陪著孩子、看著他成長。祂讓我有「選擇」的權利，選擇成為一位全職媽媽——因為我深深知道，許多母親在沒有選擇的情況下，必須將自己的寶貝孩子交給別人養育。基於種種理由，她們無法成為全職母親、專心地陪孩子長大。

也因此，我格外珍惜與孩子一起學習、一塊兒「上學」的時光。

三年多來，我陪著兒子去上「袋鼠媽媽課」、跟著他一起下田當小農夫。我是他的媽媽，也是他的「同學」，我們在生命的教室裡一塊兒探索、彼此「切磋」，一起交出同一張成績單。

永遠只有「媽媽在學生」，沒有「媽媽畢業生」——在阿米兒結束與媽媽一起上學的日子、「放手（媽媽的手）單飛」自己去上學之後，上天又給了我另一份禮物：今年六月，我們家新添了老二。當我在寫這篇序時，阿米兒的弟弟才三天大呢！他安靜地睡在小床上，呼吸是這麼的均勻輕柔，睡姿是如此地香甜，彷彿整個宇宙就只有一張小床這麼大。

我看著熟睡的老二，想起與老大阿米兒過去一起上學的點滴，不禁嘴角泛起微笑。我溫柔俯下身，輕輕對著他說：「再不了多久，媽媽就可以像陪哥哥一樣，跟你一起上學去喔！」袋鼠媽媽又要重新出發囉！

目錄

part 3
小嫩芽的農夫課

part 4 小小ABC這樣教

Part 1

「Parenting Class」全美最獨特的親職教育課

前言／「Mommy and Me」開課囉！

阿米兒一歲多的時候，我們開始參加巴市市立學院所辦的親職教育課程（Parenting Class），也有人暱稱為Mommy and Me（媽咪與我）。這是完全免費的，專門替家有學前兒的家庭所設計的親子互動課程。一個星期有兩天，每次三個鐘頭，讓媽媽帶著孩子在類似幼兒園的教室環境中一起學習、玩耍。

課程中除了有好多專門替小朋友設計的遊戲與活動之外，也有為媽媽們準備的討論活動。透過專業老師的帶領，媽媽們彼此分享育兒心得、學習不同的育兒理念與方法。不單對孩子來說，是好玩又有趣的三個小時，對媽媽們來說，也是一個很好的充電時間。特別是全職媽媽，每天將精神體力都花在孩子身上，真的需要一個團體或環境能彼此打氣或舒緩壓力。

來參加Mommy and Me課程的，幾乎都是全職媽媽，大家也算是「志同道合」的好夥伴。而且能有機會與孩子一起上學，親自參與孩子的學習生活，近距離觀察孩子在團體中的一舉一動，也是很難得的經驗，特別是像阿米兒這樣的獨生子，能有機會與這麼多小朋友一起互動學習，真是很寶貴的機會。

三年多以來，我們母子每週都一起開心地去上學。這些難忘的經驗，是我們一生中最寶貴也最美好的回憶。

阿米兒在學校的第一句英語

大概九點四十五分時，老師會讓小朋友開始收拾玩具，阿米兒就是這樣學會他在學校的第一句英語：Clean up。

什麼是「袋鼠媽媽」課呢？阿米兒每星期上的這些課，並不算是正規的學前教育課程（preschool），也不是所謂的安親班或是托兒所（Day Care）。阿米兒跟我上的，是所謂的親職教育課程。

也有人暱稱此課程為Mommy and Me，加州（其他州應該也有）這幾年積極推廣學前教育，鼓勵學齡前，也就是上幼稚園之前、不滿五歲的孩子多參與學習與社交的活動——其中一項就是讓全職的媽媽帶著孩子來參加親職教育課程。

說是親職教育，其實重點還是在孩子身上。我們報名的課程是由巴市市立學院所提供的，我想他們有州政府或是聯邦政府的補助，因為課程是免費的。小朋友在還是小貝比的時候就可以去上了，可以一直上到四歲。阿米兒是一歲半左右開始去上課的。

課程依照小朋友的年齡分為零至六個月、七至十二個月、十三至十七個月、十八至二十三個月、兩歲、三歲、二至四歲，以及零至四歲的組別。混合年齡班主要是方便給有兩個以上孩子的家庭參與，不過只有一個孩子的也可以參加，學習與不同年齡小朋友相處互動。

每個年齡組有二至六個不同的上課地點可供選擇，分佈在附近不同的城市。很多是租借當地的教堂為上課的地點。我想是基於場地設施方便的原因，因為一般當地的教會都有戶外草坪與主日學教室，這樣就有現成的硬體設備。

一個家庭可以報名兩個上課地點，要同一處也可以，也就是說，一星期可以上兩天課。週一到週六都有課，有不少週間要上班的爸爸選在週六上課，這樣不但可以增進親子感情，也可以讓辛苦的媽媽喘口氣。

上課的時間是早上九點到十二點。課程的內容如下：

九點到十點：自由活動時間

這段時間可不是放牛吃草，老師在室內室外準備了各種玩具與活動；戶外有小小籃球架、吹泡泡遊戲、畫架、黏土桌、沙坑、鳥飼料桌、跳跳床、水桌……讓小朋友玩，當然也有盪鞦韆、溜滑梯這些設備。室內則有拼圖、積木、繪畫、家家酒屋、運輸交通工具、各行各業的戲服、圖畫書……讓小朋友選擇。

老師並會按著節慶季節，預備不同主題的勞作手工讓小朋友跟媽媽一起合作。

這段時間是小朋友熟悉環境，與老師、其他小朋友及媽媽們互動的好機會。

這段時間不單阿米兒愛得很，對我也是一個很好的觀察機會。這些都是很寶貴的第一手資料，我能「親眼」看到阿米兒活動的情況，不是聽老師轉述或是靠自己的想像來猜測他的適應力如何。

我可以近距離地觀察阿米兒，看看他最喜歡什麼活動，如何去探索研究新的事物，怎麼與其他小朋友互動，有人搶他的玩具時他怎麼處理，他會不會分享、懂得輪流玩。如果有了衝突，他是選擇避開還是硬碰硬？會不會找媽媽或是老師告狀？他喜歡靜態還是動態的遊戲？

當然，如果媽媽完全抽離，不在現場，或許孩子的潛能與「另一面」會被激發出來也不一定。我不敢說這樣的參與和觀察，對阿米兒日後正式上學的情形「預測度」就是百分之百準確；但至少**這兩年多來的觀察與參與，讓我心裡有了譜，知道他在學校裡大概會做或是不會做出什麼事、可能有哪些花樣，會遇到哪些問題。我相信，這樣日後跟老師的溝通也會比較有效率。**

十點到十一點：室內唱遊與點心時間

大概九點四十五分時，老師會讓小朋友開始收拾玩具，阿米兒就是這樣學會他在學校的第一句英語：Clean up。之後小朋友跟著媽媽進教室，大家坐在地毯上，小朋友可以自己坐在前排或是坐在媽媽腿上開始「早安活動」。

有的老師會教小朋友今天是星期幾、幾月幾號、天氣如何、是哪個季節。有的老師會跟小朋友聊聊天：週末有沒有去哪裡玩、喜歡今天的活動嗎？數數看今天來了幾個小朋友、幾個媽媽，然後就是唱遊時間，除了播放CD帶動唱之外，老師也會準備一些小樂器讓孩子敲敲打打。

有時候是一人發一條絲巾，大夥兒翩翩起舞。不然就是拿著豆豆袋玩遊戲，這些活動媽媽都一起參與，道具也是一人一份。一些小朋友剛開始比較害羞，不肯一起玩也沒關係，媽媽可以在旁邊陪著他一起欣賞別人玩。

大概唱唱跳跳了四十五分鐘，點心時間到囉！小朋友洗洗手、吃果果。阿米兒學會的第二句英語：「Wash your hands!」

點心是每個媽媽輪流提供的；為了安全的緣故，小朋友吃的點心必須是外面買的、未拆封的，不可以是家裡做好帶來的，免得有些孩子對某種成分過敏。點心包括：不加色素或糖分的純果汁，也有的老師說帶水就可以了，小脆餅、起司條或水果（助教在現場會幫忙清洗切開水果，都必須是沒拆封或是沒切開來的，也就是，請不要拿家裡吃剩的來學校）。小朋友排排坐著一起吃點心，也是一種很好的社交互動與禮儀學習喔！

媽媽們自己也有點心吃（也是由大家輪流帶）。大人吃的就可以比較「不營養」，像杯子蛋糕、小甜餅、甜甜圈，還可以配茶、配咖啡，有時候也有些媽媽會帶牛角麵包、貝果或是墨西哥玉米餅來——這樣吃吃喝喝地，有時候午飯就免了。

註：美國的教育是五歲讀Kindergarten，六歲讀小一，而五歲之前讀的都是preschool，中文是「學前教育」。

「Parenting Class」的重頭戲

聽故事，我覺得對阿米兒來說，也是一種很好的雙語學習機會。

十一點到十二點：媽媽討論與故事時間

雖說重點在孩子身上，可是媽媽們不光是來陪少爺小姐玩就好了。親職教育課程中的「重頭戲」，就是媽媽討論時間。

小朋友吃完點心後可以繼續玩，有四、五個媽媽（視場地大小與遊戲區多寡）負責看顧「值勤」，一人負責一至兩個活動遊戲區；其他的媽媽就搬張椅子、端杯咖啡圍坐在大樹下跟老師一起討論當日主題。

這些親職教育的老師們都是有合格專業執照的，據我所知她們至少都有幼教

（Early Childhood Education）、兒童發展（Child Development）或相關的碩士學位，阿米兒週一班的老師還是位有執照的兒童心理醫師。

雖然不見得每個老師都是已婚有小孩的媽媽，但她們都有豐富的幼教經驗，像阿米兒最喜歡的週三班的老師就是個有七、八年Preschool教學經驗的未婚女子。老師都會先把講義相關資料預備好給每個媽媽，包括一些相關的書籍與網站，還有可提供協助的單位或是圖書館等，然後讓每個媽媽有機會分享自己的問題或是心得。

這是一個很好的學習經驗，特別是透過其他媽媽的分享與老師的專業理論，可以得到不少有用的答案。聽聽別的媽媽故事，讓我們也明白：大家都會走過這段路，沒什麼好大驚小怪的。原來我不是唯一一個被孩子搞到抓狂的媽媽，別人也跟我一樣會有失去耐心想揍人的時候。

甚至不比不知道：原來我的孩子還不算是最皮的。對我而言，這也是一個體驗東西方文化在親子教養上相同與不同處的機會，而除了主題的討論，能藉此與「志同道合」的媽媽們（大部分的媽媽都是全職媽媽）交流，也達到「吾道不孤」的社交意義。

媽媽們的討論大概是半小時至四十分鐘，之後小朋友與媽媽一起收玩具，大家回教室聽故事。

說到聽故事，我覺得對阿米兒來說，也是一種很好的雙語學習機會，至少老師在上面講，我還可以在阿米兒耳旁幫忙稍微翻譯一下，免得他鴨子聽雷。

故事時間結束後，老師帶小朋友唱〈再會歌〉，然後小朋友一個個上前與老師擁抱，領張小貼紙，這也是阿米兒的最愛，或是在手背上蓋個卡通印章，然後開開心心地拿著自己的勞作跟媽媽回家。

三個鐘頭的時間一下子就過去了，阿米兒每次下課回家中飯就吃得特別多，午覺也睡得特別長，對小朋友來說，一早上這麼精采的課程可是很耗精神與體力的，而對媽媽來說，這三個小時的收穫也一樣豐富，感覺上是打了一劑強心針，或是充了一回電，又可以信心滿滿、活力十足的面對接下來的全職媽媽生活了。

這樣的課程是不是很有趣又很有意義呢？對了，大家知道為什麼我把這種親職教育課程叫做「袋鼠媽媽伴學課」？因為我覺得自己帶著阿米兒去上課，就像是袋鼠媽媽帶著小袋鼠去接觸外面的世界一樣。小袋鼠好奇又興奮地到處嗅嗅聞聞，在媽媽看得到的範圍內探索著花花草草。如果受驚了或是覺得不自在，可以隨時跳回媽媽的肚兜裡，這對小袋鼠來說，是一種安全的保障。

有媽媽在旁陪著，對小小孩來說是很重要的；特別是一些比較內向或是害羞的小朋友，如果一下子就把他推到陌生的環境，感覺「手段太激烈」了些。我的理念是：沒錯，孩子遲早是要學習獨立的，只是所謂的「早」與「晚」是見仁見智的。我覺得，跟往後人生中幾十年要放手單飛的日子比起來，一個學齡前的孩子擁有一、兩年，甚至是三、四年的「媽媽伴學時光」，並不算太多太長，而且這是僅此一次的機會，到了正式入學、進了幼稚園以後，可就沒有袋鼠媽媽出馬的分囉。

小孩少說也要讀到高中畢業，更何況大多數人還要上大學、念研究所，這林林總總加起來也有十幾二十年的時間，如果環境時間許可，花個幾年的時間，當個袋鼠媽媽陪孩子在最初的旅程中一塊同行，何樂而不為呢？而且，這也會是日後「回憶百寶箱」裡很寶貴的限量珍藏品喔。

「Parenting Class」的重頭戲

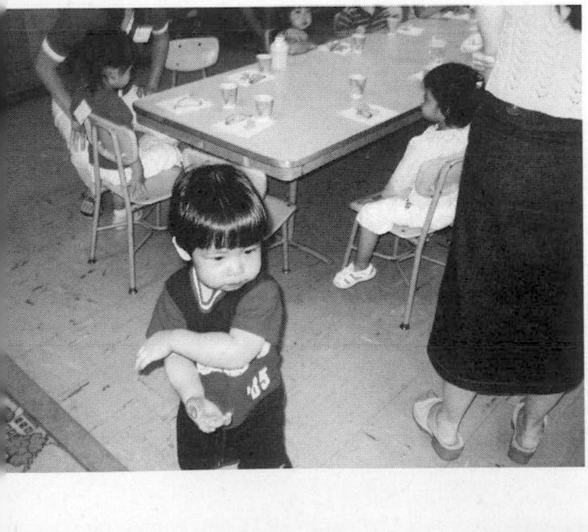

一個好老師帶來的影響力

剛開始，阿米兒面對這位高頭大馬的老師有些退卻，每次要他跟老師打招呼，他總是低著頭很害羞的樣子。儘管如此，老師還是很親切地對待他，一有機會就讚美他。

後來阿米兒漸漸習慣了，他一到學校，就跑去跟老師道早安，課間也會跟老師互動，下課時阿米兒也忙不迭地擠到前面去和老師抱抱說再見。

這週是阿米兒和我上「袋鼠媽媽」的最後一堂課。媽媽們各自帶一道菜來學校辦派對。大夥吃吃聊聊，尤其是那些即將「畢業」的媽媽們，更是有說不完的話。大家也認識好久了，有些媽媽甚至已經同班三、四年了，都說夏天是畢業季，對這些袋鼠媽媽來說，又何嘗不是離情依依呢？

小朋友們還好，他們還是如往常一樣玩得很開心。那天天熱，水桌成了熱門玩項，一堆小朋友擠在樹下玩水。我看著這些孩子玩得不亦樂乎、全身濕漉漉地，不由得泛起了微笑。

這時老師走來，她站在我身旁陪我一起看著孩子們戲水。突然她指著替孩子遮蔭的那棵大樹對我說：「你看，結果子了呢！」

我仔細一看，真的耶，青翠茂密的樹葉枝椏間結了好多個綠色的蘋果。原來這是棵蘋果樹，也是我眼拙吧，怎麼從來沒發現呢？

這些蘋果還只有小孩的拳頭大小，可是這裡一個、那裡兩個的，光是目測大概就有二、三十個吧。

這些青蘋果是什麼時間結實的啊？我每個星期帶阿米兒來上課，居然都沒發現，這才想起，不久前這棵樹開滿了白色的小花，有時媽媽們坐在樹下討論，風兒一吹就芳香四溢；那熟悉的清香不就是蘋果花的香味嗎？

老師說，這棵樹已經好久沒結果子了，「大概有兩、三年了吧！」她說：「今年大概是初春的雨水足，所以又開始結果了。」

老師伸手摸摸那些青蘋果，掂掂它們的重量，又看看我：「你知道嗎？帶孩子有時候也像這棵樹呢！」

她對我微微的笑：「有的時候我們以為我們付出的、所犧牲的一點效果也沒有，甚至看不到一點兒進步，可是，就像大樹的生命力還在一樣，孩子終究是會成長的。我們投資在他們身上的，有一天也會開花結果。」

說完，她給我一個大大的擁抱：「你做得很棒，繼續加油。（You did a great job! Keep going!）」

這時，一個孩子跑來，拉著老師去看她的勞作。我望著老師的背影，感動得久久不能自已。

這是老師送我的「畢業贈言」嗎？我和阿米兒上H老師的課也有三年了。這三年來，我深切感受到H老師的專業與敬業。

H老師是位擁有人類發展學士學位以及婚姻與家庭輔導碩士學位的老師，也是三個孩子的媽。除了教親子課程外，也在大學教書。她的課程總是安排得多彩多姿，內容豐富充實。她的「兔子日」、「瓢蟲日」、「毛毛蟲日」、「青蛙日」……更是孩子津津樂道的特別節目。

她主領的媽媽討論時間也很精采，不單提供了好多實用的育兒資訊給我們這些菜鳥媽媽，也常請一些專家，如小兒科醫生來做專題演講。今年母親節的時候，她還送給了我們一份很實用的禮物：請來一位護膚專家教我們如何保養美容。

阿米兒也很喜歡這位H老師。剛開始時，阿米兒面對這位高頭大馬的老師有些退卻，每次要他跟老師打招呼，他總是低著頭很害羞的樣子。下課後小朋友爭著和老師擁抱道別，阿米兒只在人群後跟老師揮揮手就閃人。儘管如此，老師還是很親切地對待他，一有機會就讚美他。

後來阿米兒漸漸習慣了，他一到學校，就跑去跟老師道早安，課間也會跟老師互動，下課時阿米兒也忙不迭地擠到前面去和老師抱抱說再見。

這三年來，我們母子從H老師身上受益良多。我深深體會到，**一個好老師所帶來的影響力，不但顯現在孩子身上，也能嘉惠在家長身上**。

臨別之際，H老師不覺地又給我上了一課：這棵終於重新結果的蘋果樹不也是全職媽媽育兒的寫照？我們栽種、我們澆灌、我們等待——只要生命的希望還在，就不愁沒有開花結果的一天。

要和老師說再見了。我幫阿米兒與老師照了一張相。鏡頭裡的老師笑得和藹可親，阿米兒則是一臉陽光地做展翅欲飛狀。

謝謝你，H老師，謝謝你的春風化雨。

小樹苗慢慢長大了，讓我們一同期待他開花結果。

註：當我在為這篇文章訂題目時，突然想起兒時畢業典禮上常唱的那首驪歌：「青青校樹，萋萋庭草……」不曉得歌中的青青校樹是什麼樹，不過論到我們袋鼠媽媽課的「校樹」，這棵蘋果樹應該可以當作代表了吧！

令人驚豔的好老師

阿米兒居然趁老師不注意，把手伸向老師甜點盤裡的鮮奶油，弄得兩手白花花，還得意地跟老師說：「Finger Paint!」（手指畫）。

我正準備要發火，老師卻哈哈大笑：「阿米兒，你真有聯想力啊！」是這樣嗎？這不是叫「皮在癢」嗎？原來這也可以是創意的一種喔？

我算是「耍心機的媽媽」嗎？

自從阿米兒上學以來，為了讓他「保持愉快的心情，開心地去面對受教育的義務」，我常「巧立名目」地把各種「原本就會發生」、「計畫安排好」的活動化身為「乖乖上學的鼓勵」、「上課不哭的獎品」。舉凡每週的音樂課、去圖書館玩電腦、上山玩水、到公園盪鞦韆，甚至「到阿公家睡午覺」……我都把它變成一種獎勵。

阿米兒每到不用上課的那天，就跟著我到處趴趴走的「兌現獎品」，還得意洋洋地說：「因為我有乖乖上學，所以馬麻帶我出來玩。」

上週阿米兒的「獎品」之一就是跟心儀的Rita老師一起吃午餐。（註）

其實我早就想約R老師出來吃飯了，一方面是謝謝她三年來對阿米兒的照顧，另一方面也是想繼續我們的友誼。我和R老師一向談得來，或許這就是緣分。這三年來我們不但是老師與家長的關係，也有朋友的情誼。剛好R老師上週有空，我就「順理成章」地帶著阿米兒去「兌現」獎品。

阿米兒看到久違的老師好開心，那天他表現得很好，整個午餐過程都很規矩。欸，只有到最後上甜點時「破功」。最有趣的是他開始會用簡單的英文跟老師溝通。果然有上課有差，還真教老師刮目相看。

我們天南地北地聊。後來看看錶，哇！這頓飯吃了快兩個鐘頭。上甜點時，阿米兒撒嬌地偎到老師座位上，要老師抱抱。

我想替他們倆照相，結果這小子故意搗蛋，不看鏡頭。老師作勢要「扳」回阿米兒的頭，阿米兒就露出齜牙咧嘴的怪相。兩人頭碰頭的扭在一塊兒，笑聲連連。到最後阿米兒居然使出「殺手鐗」，趁老師一個不注意，把手伸向老師甜點盤裡的鮮奶油，弄得兩手白花花，還得意地跟老師說：「Finger Paint!」（手指畫）。

我正準備要發火，老師卻哈哈大笑：「阿米兒，你真有聯想力啊！」

是這樣嗎？這不是叫「皮在癢」嗎？原來這也可以是創意的一種喔？

老師讓阿米兒像抹護手霜似地把兩手弄得滑膩膩的，不過很有技巧的不讓奶油沾到自己和他的衣服，還問他這樣滑溜溜、涼冰冰的感覺是不是很棒。後來阿米兒玩夠了，老師要他自己用餐巾把手擦一擦，再讓我帶他去洗手間洗洗手。

等我們回座時，老師跟阿米兒說：「這個奶油摸起來很像顏料吧？下次要玩手指畫，我們用真的顏料來玩，而且顏色的選擇更多唷！」

就這樣輕描淡寫地指正了阿米兒，也免

除了我的尷尬。說真的，我還真不好意思，怕老師誤以為犬子家教不好。

回家的路上，阿米兒問我：「明天還找Rita老師嗎？」

我說：「明天要上學了啦！」

阿米兒不死心：「下課後找Rita老師吃披薩。（那天中午阿米兒吃的是披薩）」欸，你還真把和老師約會當成了慣例啦？

其實不要說是阿米兒了，就連媽媽我，也很想再找Rita老師出來吃飯。好吧，哪天我們再約老師出來「頒獎」。

註：Rita老師是我們「袋鼠媽媽」課的老師。請參看〈老師最貼心的畢業贈禮〉一文。

老師最貼心的畢業贈禮

阿米兒倚在老師懷裡，說出了一句連我都吃驚的話：「I love you! Miss Rita!」竟然是用英文講的耶！

阿米兒的啟蒙教育中，除了H老師之外，還有一位R老師也是他的最愛。R老師應該算是阿米兒的第一位老師。我們所上的「袋鼠媽媽」課程一星期有兩堂，媽媽們可以選擇不同的上課地點與老師。第一學期時我只選了一堂課，到了第二學期才選了第二堂課。

我們第一學期的老師就是年輕可愛的R老師。說來我們跟她相處的時間算是最久的，阿米兒一直跟著R老師，老師換了上課地點，我們也跟著轉戰，可算是她最「死忠」的學生了。

R老師本身也是移民家庭出身，她三歲時來美國，當時一句英文也不會說，因此她很能體諒像阿米兒這樣在家不說英文的小朋友的心境，對待他總是格外地溫柔、有耐心。

R老師的聲音很好聽，說話總是輕輕柔柔地，是個讓小朋友容易放心、放鬆的老師。她就像是親切的大姐姐一樣，遇到調皮搗蛋的孩子也從不會失控動怒，她總是有辦法很有技巧地轉移他們的注意力，或安撫他們的情緒。

阿米兒幾乎是一上她的課就愛上她了。我還記得有一回，阿米兒一到學校去就直找R老師，老師蹲下身來擁抱他。阿米兒倚在老師懷裡，說出了一句連我都吃驚的話：「I love you! Miss Rita!」竟然是用英文講的耶！

我後來想起，每次R老師碰到阿米兒，總是會對他說：「I love you!」阿米兒耳濡目染也就學會了這句英文——原來這就是所謂的「潛移默化」啊。

R老師的課最精采的就是她的唱遊。R老師總是準備了好多首童謠兒歌，預備各種鈴鼓、鈴鐺、響板、三角鐵、豆沙罐（不是紅豆罐頭，是裝了豆子或沙子的搖搖罐）、絲巾、彩帶……讓孩子一面唱一面玩。

或許是拉丁民族愛音樂的天性使然，R老師總是能帶動孩子的情緒，讓他們跟著她一起熱情地翩翩起舞。小朋友也很喜歡拉著老師的手又蹦又跳，整間教室充滿了歡樂的氣氛。

阿米兒真的很喜歡R老師，R老師也視他如自己的小弟弟一樣愛護疼惜。那天要回家時，大家爭著和老師握手再見。阿米兒也擠上去，他在老師身旁磨磨蹭蹭的，最後不曉得怎麼的，竟撒嬌要老師抱抱。

我就這樣看著阿米兒愛嬌地把頭靠在老師的肩上，手臂環繞著老師的背，一副很滿足開心的樣子。老師抱著阿米兒，一面跟其他媽媽講話，一面很自然地輕拍著他的背。我完全可以感受到阿米兒流露出對老師的信任與愛慕，而老師所表現出對阿米兒的疼愛與憐惜也是這麼的自然不做作，讓我心裡好感動。

我想，任何做父母的，看到老師如此愛護自己的孩子都會感到欣慰。我心目中理想的幼幼班老師，就是要像R老師一樣，能讓孩子愛上上學，體驗到家人以外的大人，也就是老師對他的關心愛護。

學校對很多孩子來說，是家庭以外所接觸到的第一個陌生環境，是一個完全不

同的世界。對我而言，一位老師若能建立孩子對學校的信心和安全感，培養他對學習的興趣與好奇，就是一位最棒的老師。

R老師在學校的最後一堂課結束後送給了媽媽與孩子們兩份禮物，那是一張自製的書籤與自己燒錄的音樂CD，裡面收錄了這些日子以來，孩子們在學校所學的所有兒歌童謠。

媽媽們的書籤上則收錄了「二十個教養出一級棒孩子的方法」（20 Ways to Raise A Great Kid）。這二十條育兒妙方都是平時我們袋鼠媽媽聚會時討論過的內容。R老師把它們濃縮起來製成書籤，這同時也是一份「處方箋」與「備忘錄」，真是貼心的小禮物呀！

這兩份禮物，將伴隨著阿米兒與我一起成長。每當我們聽著CD裡的歌曲，就會想起與R老師在一起又唱又跳的快樂時光；而夾在書頁裡的書籤，則會時時提醒我，孩子真正需要的是什麼，在他們的成長過程裡，什麼才是培育出良好人格特質的重要養分。

謝謝你，R老師，謝謝你如此疼愛我的孩子。或許孩子還小，長大後不見得會記得你，可是你在他生命中所澆灌的愛心，已經被吸收消化了。我也會好好努力，當一個忠心的園丁，讓我們一起期待他開花結果吧！

「二十個教養出一級棒孩子的方法」（20 Ways to Raise A Great Kid）

1.Be a good role model. Your child learns from watching you.
以身作則。孩子都在看喔！

2.Give unconditional love: praise, hug, and kiss your child often.
給予無條件的愛：常常讚美、擁抱，親吻孩子。

3.Show your child how to make healthy choices such as eating right, staying fit, and refusing drugs.
教導孩子做出健康的選擇如：吃得營養、常運動、遠離毒品。

4.Teach basic rules for safety at home and away.
教導基本的居家與外出安全規則。

5.Discipline fairly and with love. Focus on the behavior, not child, and never use physical force.
帶著愛與公平來管教：對事不對人，不體罰孩子。

6. Build good character. Discuss your family's values and reinforce them often.
建立好品格。常常跟孩子討論家庭的價值觀並身體力行。

7. Respect your child's feeling, opinions, and suggestions.
尊重孩子的情緒、想法，與意見。

8. Instill responsibility in your child by assigning chores.
藉由幫忙做家事來培養孩子的責任心。

9. Involve your child in decision-making whenever possible.
儘可能讓孩子參與一些決策。

10. Help your child learn to maintain a great attitude and view mistakes as opportunities to learn.
幫助孩子養成視錯誤為學習機會的正確態度。

11. Let your child know you are always available to talk.
讓孩子知道你隨時願意與他談心。

12. Inspire a love of learning. Discuss ideas and events, and visit places of interest as a family.
培養學習的渴慕。有事一家人一起討論，一塊兒去好玩的地方。

13. Teach positive ways to manage stress and anger.

教導孩子用正面的態度處理壓力與怒氣。

14. Raise a reader: read together daily and go to the library often.
培養閱讀興趣：每天讀書並常去圖書館。

15. Make school important. Insist in good attendance and academic performance.
上學很重要：要盡力堅持好的學習態度與達到應有的學術表現。

16. Encourage creativity. Have craft supplies on hand and do fun projects together.
鼓勵創造力。隨時預備好手工材料，一塊兒來做好玩的勞作。

17. Explain the importance of giving to those in need and of being a caring person.
對有需要的人伸出援手是很重要的：教導孩子成為一個願意付出的人。

18. Teach your child to be a good citizen by obeying laws and staying informed.
教導孩子成為好公民：要守法並關心時事。

19. Know who your child's friends are. Encourage friendships with kids of strong character.
認識孩子的朋友。鼓勵孩子結交好品格的朋友。

20. Expect the best from your child. Help him or her aim high and set goals to achieve success.
期待孩子好的一面。幫助他目光放遠，全力以赴。

創意課——「聽」蘋果

阿米兒發現另一種更新鮮的創作方式：直接用手來調色。

他把手伸進不同的顏料盒裡，這裡抹抹那裡擦擦的，整隻手變得五顏六色。

今天老師預備了好幾支攪蛋器讓小朋友作畫。彈簧形狀的鐵線圈正好讓小朋友沾上不同顏色的顏料，像蓋印章似的印在紙上。阿米兒一看到這特別的「畫筆」，馬上就好奇地跑來，他興致勃勃地這裡印一下，那裡印一下，在南瓜形狀的色紙上印出了好幾個圈圈，不久他發現另一種更新鮮的創作方式：直接用手來調色。

阿米兒伸手往黃色顏料盒裡抓，兩手弄得糊糊地。他學我平常抹護手霜的樣子，把顏料均勻地抹在手心手背上，然後咯咯地笑了起來。可能是雙手塗上顏料的觸感挺滋潤地，阿米兒又把手伸到顏料盒裡，再加抹一層「護手霜」，現在他的手像戴上黃手套似的。可能是玩出興趣了，阿米兒開始試不同的顏色。他把手伸進不同的顏料盒裡，這裡抹抹那裡擦擦的，整隻手變得五顏六色。

阿米兒玩顏料玩得不亦樂乎。誰說顏料就只能用在畫紙上？誰說顏料一定就是用來畫畫？**小朋友是天生的探險家，他們以一種好奇又天真的態度，運用五種不同的感官盡情探索發掘周遭的事物，上回阿米兒還用嘴「嘗」過顏料的味道。**

對他們來說，顏色不只是視覺上的認知，也可以是味覺、觸覺的體驗。在他們的世界裡，創造力與想像力就像是一對翅膀，載著他們無遠弗屆地飛到任何地方。記得在念書時，有一回教授提到一個例子：一群幼稚園的小朋友去採蘋果，老師問小朋友怎麼知道蘋果可以收成了。

有的小朋友說看它的顏色，有的小朋友說可以聞聞味道，一個小朋友舉手說可以「聽聽它熟了沒有」。

老師不解地問他，怎麼「聽」蘋果熟了沒有。小朋友笑咪咪地說：「等它熟了

就會掉下來，告訴我們可以吃了呀！」

當時教授問，身為教育工作者的我們，聽到小孩說「聽蘋果熟了沒有」時，我們的反應是什麼，是糾正他「蘋果不是用『聽』的」？還是陪他「一起聽」？

如果我們告訴這孩子：「蘋果是不能用『聽』的」時，我們也同時堵塞住他們心靈的耳朵，但當我們願意陪他一起聽蘋果的聲音時，他就能聽見更多美妙的旋律、欣賞更多精采的音樂。

教授的這席話一直深烙在我心。因此當阿米兒玩起「顏色遊戲」時，我提醒自己：不要怕他弄髒衣服，也不要告訴他「畫圖不是這樣子」，就讓他盡情地玩。哪怕是他的手、他的衣服都搞得髒兮兮的，也不要阻止他。不要限制他只能在一張畫紙裡揮毫，也不要規定他只能畫在框框裡，就讓他的想像力跟著他的好奇心一塊出發，好好地探索這五彩繽紛的花花世界吧！

公民課

他們學習玩遊戲、學習唱歌、學習坐下來吃點心、學習輪流分享、學習排隊等候……而不知不覺中，他們也知道在各種的環境下，有各種的規範，必須要去尊重、去遵守。

阿米兒在「袋鼠媽媽」的班上學到了不少東西，其中一項就是和其他小朋友一起「排排坐，吃果果」。

記得上學期第一天上課，在唱完兒歌之後，小朋友預備要吃點心了。助教在桌上擺好一份份小餅乾、水果和小紙杯，小朋友洗完手、找到位子後就可以開始享用點心。

阿米兒第一次和這麼多小朋友吃點心，對「你的我的」這種所有權一點概念也沒有。他坐在小椅子上吃他前面的那份點心，又隨手拿起旁邊小朋友前面的杯子往嘴裡灌。

當我制止他拿別人的杯子時，他還一臉無辜地望著我。「阿米兒，那不是你的杯子。你的在這裡。」我指指他前面的小杯子。

不一會兒，阿米兒吃完他的小餅乾，我起身再去幫他拿一些。等我轉身回來，他已經自力救濟地跑到別桌去打野食了。只見他悠哉悠哉地晃來晃去，看到桌上有點心就伸手一取，直接送到嘴裡。

我覺得很不好意思，不曉得人家會不會認為阿米兒沒家教，到處亂吃，不然，是不是以為我在家裡沒讓他吃飽，害他一看到吃的就這樣窮凶惡極。

這樣的情形持續了一陣子。每次到了點心時間，我總是戰戰兢兢、如履薄冰。一面要盯著阿米兒，以防他出其不意地伸手去拿別的小孩的食物，一面又要提醒他要坐著吃完東西再去玩，他有時興之所至，就會起來跑去家家酒屋玩一玩，然後就一路邊逛邊吃別人的東西回到自己的座位，等到那時他早已吃飽了，剩下的點心我又不好意思丟掉，包回家又很小家子氣，只好塞到自己肚子裡。唉，發福不是沒有原因的啊！

一頓點心下來，我覺得自己好像宮女伺候皇帝用膳一樣辛苦。

「什麼時候阿米兒才會知道『一人一份點心』的意義呢？」我想，會不會因為阿米兒是獨生子，家裡所有的東西都是他的，所以沒有什麼從屬的觀念？

我又開始胡思亂想：「那他會不會變成不懂分享的小霸王啊？」不過如果其他小孩拿他的點心來吃，他好像也無所謂。平常在遊戲時間，阿米兒也不會去搶別人的玩具；甚至如果有人把他正在玩的東西拿走，他也不太會生氣，頂多就走開去玩別的玩具。

所幸這學期，阿米兒漸漸適應了點心時間的規矩。他現在能乖乖地坐在自己的位置上，把自己的一份點心吃完，而不會跑來跑去地打野食。雖然還是偶爾會伸手去拿隔壁小孩的餅乾，但只要我提醒他：「阿米兒，那不是你的點心。你的吃完了，等媽媽再幫你拿來好嗎？」他都能「克制」住衝動，乖乖等我拿食物回來，而且他也會自己拿水杯，小心的湊到嘴邊喝果汁，很少灑得到處都是。這些都是他進步的成績，值得鼓勵一番。

其實，**「袋鼠媽媽」課程的目的就是幫助小小孩在模擬的課室環境裡體驗學校生活，藉此預備他們以後入學，縮短適應期，減少「文化震盪」**。

看到自己的孩子對群體生活的規矩從一點都不懂，到慢慢能融入並遵守，這對媽媽來說，也是一種鼓勵。小孩真的是不斷地在摸索、在學習。他們學習玩遊戲、學習唱歌、學習坐下來吃點心、學習輪流分享、學習排隊等候……而不知不覺中，他們也知道在各種的環境下，有各種的規範，必須要去尊重、去遵守。

我覺得學校除了教導知識學問外，對「公民」的養成也扮演很重要的角色。當然，好的公民教育是從家庭開始；但不可否認的，**學校是小孩第一個可以與眾人參與實踐公民道德的地方**。

或許公民教育、倫理道德這些科目短程看來價值不高、似乎可有可無，也沒有很準確的考核標準可以評估學習的成果，但如果我們目光放遠，從社會永續經營的角度來看，孩子從中獲得的，卻是可以受用終生的資產。

大自然觀察課（一）

老師預備了透明的小杯子，蓋子就是放大鏡，小朋友可以把瓢蟲放在杯裡好好觀察。

今天老師給小朋友們帶來一份春天的禮物：瓢蟲。

這些小如綠豆的瓢蟲一早就給放在昆蟲箱裡。因為個頭小，有些已經鑽出蓋子在外面爬來爬去了。乍看之下，這些小瓢蟲有點像是臭蟲，或迷你蟑螂，讓人看了心裡有點毛毛的，可是湊近些看，就覺得牠們很可愛。有的大概是剛孵出來，身上的圓點點都還很模糊。

這些小瓢蟲是哪裡來的？可不是老師去抓的，是花銀子買來的。在寵物店裡可

以買到像小冰淇淋筒似的一罐瓢蟲，因為瓢蟲會吃蚜蟲之類的害蟲，所以人們買來去花園或菜園放生；讓牠們負責把玫瑰葉、青菜葉上的壞東西消滅掉。

阿米兒第一次看到瓢蟲，他很好奇的研究這有趣的小生物。不曉得阿米兒會不會怕昆蟲？因為老實說媽媽我對昆蟲有點敬而遠之。他會怎麼對待這些害蟲剋星呢？

結果大概是小男孩的天性吧，阿米兒一點兒也不怕這些瓢蟲。

他用指頭輕輕捻起了一隻瓢蟲，放在手心仔細地端詳。我很驚訝他的動作很小心。本來還怕這麼脆弱的小東西會不會讓不知輕重的孩子給捏死了，然後這隻頑皮的小瓢蟲就這樣爬呀爬的爬到他的手背上了。

大概是覺得手背癢癢的吧？阿米兒咯咯笑著，還想再多抓幾隻。

欸，我看先前那隻已經要爬到他袖子裡了，連忙趁阿米兒不注意彈掉牠。

對不起唷，小瓢蟲，頭暈嗎？」一面轉移注意力：「阿米兒，要不要把小瓢蟲放在杯子裡看清楚一些？」老師預備了透明的小杯子，蓋子就是放大鏡，小朋友可以把瓢蟲放在杯裡好好觀察。

老師說等太陽出來，暖和一點時要將小瓢蟲放生，因為今早天陰陰涼涼，如果太早放瓢蟲，牠們會無精打采地飛不起來。好不容易到了十點多，太陽公公終於露出笑臉了。老師拎著昆蟲箱到草坪上，一群小朋友馬上圍了過來：「釋放小瓢蟲！釋放小瓢蟲！」

老師打開蓋子，讓小瓢蟲出來，其實有些早就偷飛出來。每個小孩都爭著要放小瓢蟲，老師在每人的手心裡都放了幾隻。**大家很興奮地帶著瓢蟲去找新家：有的把牠放在葉子上，有的擺在草地上，有的送牠到花瓣上，還有的猶豫不決，不曉得該送去哪裡，捧著一手心的瓢蟲到處跑；場面熱鬧極了。**

阿米兒的想法挺另類的，他送小瓢蟲去過山洞。

他把小瓢蟲輕輕的擺在小朋友玩的長筒隧道上：「Have fun!（好好玩吧！）」要不是我告訴他小瓢蟲肚子餓了，請送牠到葉子上吃小蟲，他還想送幾隻去盪鞦韆。

可能是太陽的溫暖與小朋友的熱情激勵了小瓢蟲，牠們開始活動了。一隻隻橘紅色的小瓢蟲張開翅膀，飛舞在空中。

小朋友看到瓢蟲飛起來了，樂得手舞足蹈：「飛啊！飛啊！小瓢蟲加油！」金色的陽光下，小瓢蟲閃著寶石的色澤，小朋友又叫又跳的臉紅撲撲的像小蘋果。好一幅美麗純真的圖畫。

回到家裡，替阿米兒換衣服，赫然發現竟藏了一隻小瓢蟲在裡面。是迷路的偷渡客嗎？阿米兒把牠小心的捧在手心，跟著我開門送牠出去：「小瓢蟲再見，要找對回家的路唷！」

這隻小迷糊在阿米兒手上停了一下子，輕輕抖動半月形的翅膀，然後倏地起飛，一會兒就消失在空中了。

每個家長都想遇到這樣的老師

老師問：「你在做什麼呢？」

阿米兒得意地回答：「洗車子。」

老師的反應我很欣賞：「哇！好棒唷！那等你把車子洗乾淨以後，要記得替它打蠟喔！」

那天早上帶阿米兒去上課，正當我在與其他媽媽話家常，B媽媽跑來說：「快去看看你們家兒子。」

我遠遠地瞧見兒子蹲在草地上玩車子，沒怎麼樣啊，再近一看，嘩！車子上怎麼全是泡泡？

「阿米兒，你在做什麼啊？」我不動聲色地問。

這小子忙得很，頭也不抬地說：「給車子洗澡。」

喔，可能是上回帶阿米兒去洗車廠給車子洗澡。隔著玻璃窗，看到車灑滿肥皂泡泡的一幕讓他印象深刻，所以現在他也依樣畫葫蘆。

只是，這些肥皂泡是哪來的呢？原來不遠處有一盆肥皂水，是給小朋友吹泡泡用的。阿米兒不厭其煩地把雙手浸到盆子裡，再把泡泡抹在車子上。他來來回回跑了好幾趟，很認真地把車子從頭到尾均勻地上了一層肥皂。他「洗」得很徹底，連輪胎與音響天線也不放過。

這時老師來了。她也問：「你在做什麼呢？」

阿米兒得意地回答：「洗車子。」

老師的反應我很欣賞：「哇！好棒唷！那等你把車子洗乾淨以後，要記得替它打蠟喔！」

老師朝我眨眨眼，悄悄地說：「等他玩夠了，給他幾張濕紙巾，把肥皂泡擦乾淨。」說完，她又蹲下來摸摸阿米兒的頭，讚美了他幾句就走了。

老師的態度讓我很感動。

我想，阿米兒這種「打破傳統的另類玩法」不一定能容於每一位老師。有些老師可能會驚聲大叫：「你在幹什麼？把車子弄得濕漉漉的！」不然就是連忙制止：「不對不對，那是用來吹泡泡的肥皂水啦！」否則就是大驚小怪：「看看你的手、你的袖子，怎麼全都是肥皂泡？」

可是老師不但沒有制止阿米兒的「脫軌行為」，反而鼓勵他「好好地把車子洗乾淨」，並適時地指引他如何善後：「要記得給車子打蠟。」（之後用紙巾把肥皂泡擦乾淨。）

老師這樣的做法，與我對孩子的「遊戲理念」不謀而合。**我們不需要「教」孩子如何去玩，他們的想像力自會帶領他們達到「好玩有趣」的境界。不要過度限制孩子要「規規矩矩」地玩耍，只要能學習自己收拾善後，偶爾弄髒了、搞砸了也沒有關係。**

面對一盆肥皂泡，我們可以用來吹出好多好大的七彩泡泡；面對一輛跑車，我們也可以趴在地上玩起「嘟嘟車」的遊戲。當然，我們也可以將兩者「結合」，創造出另一種遊戲的方式。玩具是名詞，不是形容詞，所以要讓玩具「好玩」，全看你怎麼玩。既然「好不好玩」的主權是在玩的人手上，那同一個玩具就可以有不同的玩法。這背後的祕訣，就在於「想像力」。

就這樣，阿米兒玩得不亦樂乎。他痛痛快快地替車子洗了一頓澡。之後，我陪著他用濕紙巾把肥皂泡抹乾淨，再用抹布將車子擦乾。

最後拿著光潔如新的車子秀給老師看。

老師讚許地微笑：「好乾淨的車子，你做得好棒！」

而我看了，嘴角也不覺地上揚：「老師，你也好棒！」

經過兔籠時，阿米兒駐足流連了好一會兒。「掰掰，黛西！掰掰，露西！」阿米兒朝牠們揮揮手，接著又補上一句：「Merry Christmas!」

生命課（一）

今天是學期最後一堂課。老師給小朋友帶來了一項驚喜：小兔子。

其實老師每學期都會把家裡養的兩隻寶貝兔帶到學校一、兩次，不少孩子，包括阿米兒都已經看過了，可是當這兩隻毛絨絨的兔姐妹出現時，還是讓孩子們驚呼不已：「好可愛的兔子唷！」

棕白色的那隻是姐姐，名叫「黛西」。黑白花的是妹妹，叫「露西」。牠們四歲半了（一個女生馬上興奮地說：「跟我一樣耶！」）牠們最愛吃的水果是香蕉與蘋果。一般人以為兔子最愛吃的胡蘿蔔，其實不是牠們的最愛哩。

老師說黛西還會表演一招絕技喔，只見老師輕輕地把牠放在地上，雙手溫柔地撫摸著牠的耳朵，然後一路順牠的毛，最後在肚皮上輕輕地搔了幾下，這時黛西舒服地瞇起了眼，像是小嬰兒一樣的舉起了四肢，然後就這樣老僧入定似地動也不動。大家看到牠四腳朝天的樣子，又是驚呼連連。

老師先讓媽媽們抱著孩子圍坐一圈，然後把兔子放在中央。

老師說這兩隻兔子對鞋子很好奇，如果大家乖乖坐著，小兔子就會跑來嗅嗅你的鞋子。呵呵，牠們是「逐臭之夫」嗎？

這下子小朋友們全正襟危坐地不敢亂動了，深怕自己動作太大，嚇跑了小兔子。這時露西一蹦一蹦地跑到阿米兒跟前，抽抽小鼻頭，嗅了嗅他的鞋子。

嗯，阿米兒的鞋子味道比較重嗎？其他小朋友羨慕得不得了，而阿米兒蒙兔子如此抬愛，更是驚喜得無以復加。

老師輪流讓小朋友抱抱兔子。阿米兒好溫柔地抱著露西，臉上露出了「慈父」般的微笑，他的神情是這樣的欣喜感動：「露西乖乖，不要怕唷！」

老師教阿米兒搔搔露西的肚皮，阿米兒小心翼翼地替牠抓癢，最後忍不住咯咯笑了起來。到底是誰抓誰的癢呀？

老師準備把露西抱走，換別的小朋友抱抱。阿米兒十分依依不捨：「我不能帶回家嗎？」

下課時，不少孩子已經在跟媽媽吵著說「要一隻兔子當聖誕禮物」了。阿米兒倒是沒嚷著要兔子當禮物。他還不曉得小孩「有權利」討聖誕禮物，看來，孩子「開竅」得遲也是有好處的。

不過經過兔籠時，他駐足流連了好一會兒。「掰掰，黛西！掰掰，露西！」阿米兒朝牠們揮揮手，接著又補上一句：「Merry Christmas!」

生命課（二）

要讓阿米兒帶什麼呢？我苦思：外頭林子裡的松鼠不少，不過要我爬樹去請牠們下來大概不容易。抓隻昆蟲嘛，我會怕耶！萬一被叮個滿頭包可慘了。有了，阿公家不是養了魚嗎？那就借一條去學校好了。

阿米兒班上舉行了一場「寵物秀」。

老師請小朋友帶家裡的寵物到學校來，秀一下他們的寶貝。有幾個媽媽私下嘀咕：拜託，我「養」了一隻小人兒就很累了，哪有工夫心思再養什麼寵物，但老師說「一定」要帶個寵物來，就算是到後院抓隻蟋蟀什麼的也行，不然就帶隻動物玩偶也好。總之，不要讓小朋友兩手空空地來，要讓每個人都有機會上台秀一下。

要讓阿米兒帶什麼呢？我苦思：外頭林子裡的松鼠不少，不過要我爬樹去請牠們下來大概不容易。抓隻昆蟲嘛，我會怕耶！萬一被叮個滿頭包可慘了。有了，阿公家不是養了魚嗎？那就借一條去學校好了。

想不到阿公跟魚兒培養出「革命情感」了。他說：「帶條魚一路顛顛簸簸地到學校去，萬一把魚折騰死了豈不太冤？」

那怎麼辦？難道真要阿米兒抱隻玩具熊去學校嗎？這樣太遜了吧？

阿公愛孫心切，他拍拍胸脯保證：「我到後院去抓隻金龜子給阿米兒帶去學校好了。」

阿公家後院種了不少花花草草，平常除了蜜蜂、蝴蝶飛來飛去外，也常在葉片上看到甲蟲、金龜子之類的昆蟲。阿公是想，等到寵物日前一天再來抓就好了，免得養在玻璃罐裡太久，萬一水土不服翹辮子就慘了。

結果不曉得是那些昆蟲「聽到風聲」了？還是天氣太熱全躲起來？阿公那天竟然一無所獲，翻遍了每片葉子就是找不到一隻蟲子。

這下阿公緊張了：「萬一明天還是找不到怎麼辦？阿米兒的秀豈不是要開天窗了？」

阿嬤尋阿公開心：「不然就帶『你』去學校好了。阿米兒平常不是愛把你當馬騎嗎？『阿公』也可以算是『孫子的寵物』嘛！」

結果阿公忐忑不安地上床，臨睡前很認真的跟上帝禱告：「拜託一定要讓我明早抓到一隻蟲哇。」

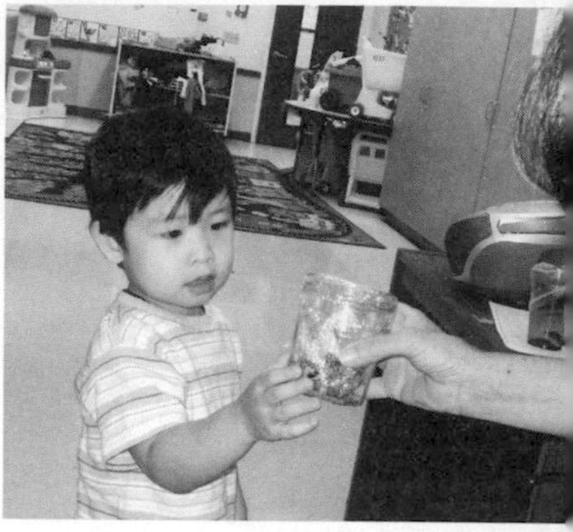

隔天一大清早，阿公就起床了。他跑到後院東尋西覓：「蟲兒出來吧！蟲兒出來吧！」阿公心裡再度默禱：「主呀，讓我抓到一隻甲蟲吧！」這時一道綠影從阿公眼前一閃而過。那不是一隻甲蟲嗎？牠不曉得從哪裡冒出來的，現在正靜靜地停在阿公面前的玫瑰花葉子上。

阿公躡手躡腳地靠近，小心翼翼地抓住那隻翠綠色的甲蟲，寶貝地把牠放入玻璃罐裡，用保鮮膜封好，再戳幾個小洞，阿米兒的寵物有著落了。於是阿米兒帶著阿公千辛萬苦抓到的甲蟲去參加寵物秀了。

一到教室，哇，像動物園一樣熱鬧。大夥都帶著寵物來了：有人帶狗、有人帶貓、有人帶鸚鵡、有人帶金魚……**老師請小朋友和媽媽一起上台，簡單地介紹一下寵物的種類、名稱，以及關於牠的一、兩件趣事。**

輪到阿米兒上場了。阿米兒鄭重其事地把玻璃罐交給老師。

老師說：「好漂亮的綠色甲蟲唷！牠有名字嗎？」

阿米兒英文聽得一知半解，跟老師有點雞同鴨講。他用中文回答老師：「阿公，阿公抓的！」

老師說：「牠的名字叫『阿公』呀？好特別的名字唷！」

我在旁邊聽得快笑岔氣，連忙用英文解釋：「不是，阿米兒是說這隻甲蟲是阿公幫他抓的。阿公就是Grandpa啦！」老師請阿米兒拿著他的甲蟲罐秀給小朋友看。阿米兒得意洋洋地拿著罐子繞場一周。

阿米兒的寵物秀終於圓滿落幕，多虧了這隻禱告求來的「奇蹟甲蟲」呀。謝謝阿公熱情贊助。阿公辛苦囉！

生命課（三）

小朋友每星期來看小毛蟲，觀察牠們的成長，發覺牠們的變化，無形中也培養了他們對生命的尊重與耐心。

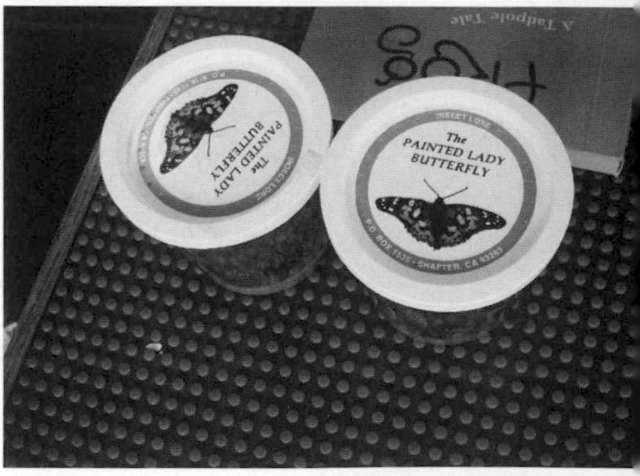

繼上回的「瓢蟲日」後，阿米兒的老師又來了個「毛蟲日」。

今天去學校時，兩罐毛毛蟲就在教室門口等著小朋友。老師帶來的，是Painted Lady Butterfly的幼蟲。查了Google，說這叫「小紅蛺蝶」。若是我翻譯，大概會文謅謅叫牠「彩繪淑女蝶」吧。

跟上回漂亮的橘紅色小瓢蟲比起來，這幾隻毛毛蟲顯得貌不驚人，而且動作遲緩，看起來懶洋洋，所以「人氣」也就比小瓢蟲遜色許多，不像上回擺出瓢蟲箱時，那「萬頭攢動」，人人爭睹小瓢蟲的盛況。

阿米兒還算捧場，他認真地觀察了一下罐子裡的毛毛蟲。我想毛毛蟲可能比瓢蟲貴，一個罐子裡只有三、四隻，而且這次老師不讓小朋友打開蓋子，或許不能親手摸摸毛毛蟲，所以小朋友也因此興趣缺缺，但光看不過癮的阿米兒竟像在搖泡沫紅茶似地搖晃起罐子來：「打開來。」

我怕嬌貴的毛蟲給搖昏了，連忙告訴阿米兒：「欸，我們用看的就好。這樣用力搖，毛蟲會頭暈。」

我趁機跟阿米兒解釋一下毛蟲的蛻變：從小小的卵到毛毛蟲，然後吃了很多葉子後變得胖胖的，之後躲在蛹裡睡覺，醒來後就變成漂亮蝴蝶，但可能是童書看多了，阿米兒說：「毛毛蟲也喜歡吃冰淇淋。」

這兩罐毛蟲還得一陣子才會變成蛹，等牠們破蛹而出時，老師可能還會來個「放蝶大典」慶祝一番。

雖然跟上回的小瓢蟲比起來，這次的毛毛蟲似乎帶給小朋友的新鮮感與好奇心沒有那麼濃厚，而且要等牠們變成蝴蝶還得好些時日，可是我覺得**這也是一種很好的生命教育。成長的過程本來就需要耐心的等待。生命的奇蹟不是一蹴可幾的，幸**

福美麗的結局之前都有許多的努力與守候。

小朋友每星期來看小毛蟲，觀察牠們的成長，發覺牠們的變化，無形中也培養了他們對生命的尊重與耐心。

希望這幾隻毛毛蟲爭氣一點，能平平安安地長大，好迎接小朋友熱情的慶祝與歡呼。

獨立與自主的人生課

如今阿米兒已上了兩學期的課。現在的他只要一下車，就迫不及待地奔向教室，把我這做媽的給拋在腦後。

阿米兒這星期開學了。

算算阿米兒「入學」也快半年了。其實，我和阿米兒對這一週兩次的「上學日」都很期待。阿米兒就不用說了，能在這麼一個「有吃有玩」的地方跟許多同年齡的小朋友玩在一塊兒，當然是不亦樂乎，而我藉著陪「公子讀書」的機會，能出來透透氣，與其他家長聊聊媽媽經、分享育兒情報，也是一種新奇有趣的經驗。

雖然是模擬的學校課程，可是裡面的作息活動絲毫不馬虎，除了不用寫作業之外，其他如Circle Time（類似老師與小朋友的晨間互動，談天氣、聊家常的「暖身活動」，順便介紹一下今天的主題之類）、唱遊、勞作美工、說故事、吃點心……一般幼稚園有的節目，這裡通通都有。

記得阿米兒第一次上學的時候，完全是搞不清楚狀況的「菜鳥學生」。從來沒見過學校、沒碰過這麼多小朋友的他興奮得不知如何是好。他像鄉下老鼠進城似地什麼東西都要摸摸碰碰。等到老師請大家排排坐，一起唱歌、玩遊戲時又不肯參與，非得黏著我要「馬麻抱抱」。最誇張的是下課要回家了，他居然死拖活拉地不肯離開，直到我再三跟他保證「下次還會來」，他才依依不捨地離開。

如今阿米兒也上了兩學期的課。現在的他只要一下車，就迫不及待地奔向教室，把我這做媽的給拋在腦後。以前要媽媽抱抱，不肯乖乖坐著聽故事（有時他還會把鞋子襪子給脫了，赤著腳在教室裡閒晃，害我這做媽的額上出現三條線），現在已經可以跟其他小朋友一起好好地坐著，跟老師一塊兒唱歌表演了。

回想第一次看到阿米兒拿著小棍子，隨著老師的指令，跟著音樂節奏打拍子，有模有樣地唱著〈小星星〉時，心裡真是有種為人母才能體會的喜悅：「我們阿米兒長大了。」雖然這只是個微不足道的舉動，可是做媽媽的看來，真是比阿姆斯壯的那一小步還了不起。

雖然這樣的課程，媽媽是全程參與，奉陪到底，可是阿米兒也多多少少學習到獨立與自主的功課。從一開始，遊戲玩耍時媽媽得寸步不離地跟在身邊，到漸漸地媽媽可以不在「視線範圍之內」，到如今「媽媽不見了都無所謂」。

我看見阿米兒一步步地跨入這花花世界，好奇而有興味地探索研究周遭的事物。他像一隻初展雙翼的小蝴蝶，快樂的在色彩繽紛的花園裡尋尋覓覓，享受著「我可以」的成就感。

當然，小蝴蝶還有好多美麗的花要去拜訪，他會越飛越遠、越飛越高，而蝴蝶媽媽也必須學習放手任他去遨遊。只是，在他要單飛之前，媽媽會告訴他：「不管你飛多遠，飛多高，當你回頭顧盼時，你永遠可以看到媽咪的眼睛在對你笑。」

分享課

阿米兒現在願意「合群」，和其他小朋友一起參與「餐桌社交」。

有一陣子，「點心時間」是阿米兒上課時最讓我頭痛的時刻。可能都是早餐吃飽飽才去上學，所以肚子不餓，不然就是平時在家沒有吃點心的習慣，對那些「非正餐」的食物「懷有戒心」，也有可能是到學校太興奮了，只想玩不想吃，再不然就是平時「家教不良」，喜歡走來走去吃buffet。總之，阿米兒很少願意乖乖坐下來吃點心，老是想往外跑。

別的小朋友都安安分分坐在小椅子上吃點心，阿米兒碰都不碰。任憑我威脅利誘、好說歹說地要他吃一點，他就是不為所動。好幾次我火大了，真想拿膠水把他的屁股黏在椅子上：「阿米兒你不想吃，也要乖乖坐著陪大家吃啦！」

曾幾何時，阿米兒總算漸漸「上道」了。到了點心時間，他會跟著大家排隊洗手，然後乖乖地坐下來吃東西。雖然有時候他對點心仍不太有興趣（他只吃鹹餅乾，對甜的不屑一顧），甚至只喝蘋果汁，不然就是意思意思地吃了一點就想離座。但是我這做媽的已經很滿意。至少他現在願意「合群」，和其他小朋友一起參與「餐桌社交」，這樣就算有進步。

那天吃點心的時候，阿米兒也跟著大家坐下來吃，而且出乎我意料地，他胃口還挺不錯，不但起司小餅乾吃光光，連平常不怎麼吃的葡萄乾也吃得津津有味。

我這做媽的感動之餘，連忙拿出相機，拍下「歷史性的一刻」。阿米兒乖乖吃點心。阿公阿嬤、爺爺奶奶、爸爸、阿姨們，看到沒有？看到沒有？我們家阿米兒「坐著」吃點心。

阿米兒那天對平常不屑一顧的葡萄乾「驚為天人」，吃完幾粒後嚷著：「還要，要吃！」就在我起身幫他再拿一些回來時，看到他已經「自力救濟」地伸手拿旁邊小朋友的葡萄乾吃了。

「No! No!」旁邊的小孩趕緊用手圈住自己的葡萄乾。「阿米兒，那不是你的，你的在這裡。」我連忙說，一面趕快把手裡的葡萄乾倒在他的小紙巾上。

「蟹耳！蟹耳！」阿米兒一面塞葡萄乾，一面口齒不清地說。

「蟹耳」？螃蟹什麼時候長耳朵啦？這是什麼意思？我心裡電光石火地翻著「阿米兒字彙大全」，想找出它的意思：「蟹耳……削耳？雪兒？首爾？到底是什麼？」我一頭霧水。

阿米兒三兩下吃完他的葡萄乾，手一伸，又想撈過界去拿旁邊小朋友的葡萄乾。「阿米兒，不可以，那是╳╳的葡萄乾。不是你的。」我連忙阻止。

「蟹耳！蟹耳！」阿米兒又咕咕噥噥地說。

啊，我懂了。阿米兒是在說英語的「Share」。

「Share! Share!」意思是他要「分享」別人的點心。欸，可是所謂的「分享」，好像應該是你要慷慨主動地分給別人吃，不是讓你堂而皇之地去吃別人的耶。這樣「強迫」別人跟你分享會不會太霸道了一點啊？

「阿米兒，吃點心的時候每個人都有自己的一份，所以不用share。等下玩玩具的時候再share就可以了。」我解釋給他聽，「你還想吃葡萄乾的話，媽媽再幫你拿一些好不好？」

其實阿米兒對所謂的「分享」也是一知半解。他一向是滿大方隨性的個性，就算別的小朋友拿他的點心吃，他也無所謂。玩遊戲的時候幾乎沒看過他跟別人爭玩具，反倒是我要教搶他玩具的小孩「share」，可能是聽老師「share、share」講多了，他就以為「share」就是「大家都有份」的意思，所以既然我的葡萄乾吃完了，而你還有剩，那就「蟹耳」一下吧！

不知為什麼，我想到了箴言裡說的「設宴滿屋，大家相爭，不如有塊餅乾，大家相安。」在小朋友的世界裡，「分享」有點像是「金科玉律」。無論是在課堂、遊樂場，或是同儕手足之間，**大人無時無刻不在提醒他們要「share」，這似乎是他們第一個要學的社交功課。**

他們學習「不是所有的資源都是我一個人的，其他人也有權利去使用。」這也間接教導他們去尊重別人的權利、體會他人的感受。

小朋友天真單純，就算有的時候心不甘情不願地share，可是也不至於耍心機地行騙詐取，反倒是年紀越大，大到能明辨是非了，對「分享」這回事卻開始陽奉陰違。在成人的世界裡不時看到一些所謂的「聰明人」，用各種稀奇古怪的方式招搖撞騙，甚至利用權勢地位強取豪奪。我想，這樣的人才真的是該裝一對「蟹耳」，好好聽聽老師的話才對呢。

當個快樂的髒小孩

看阿米兒塗塗抹抹得這麼起勁，臉上堆滿了笑容。

能夠痛快地把手弄得黏乎乎濕潤潤的，當個「快樂的髒小孩」，也是童年才有的一種權利吧？

「袋鼠媽媽」課中，老師會不定期地更換教室的玩具設施，讓小朋友體驗不同的樂趣。其中有一樣是阿米兒很喜歡玩的「鬍鬚奶油畫」。

「鬍鬚奶油畫」就是以爸爸用的泡沫刮鬍劑當顏料，直接抹到透明畫板上創作，因為它很像阿米兒愛吃的鮮奶油，所以我們都叫它「鬍鬚奶油」。

阿米兒一直很喜歡這種作畫方式。一大坨奶油似的泡沫抹來抹去，弄得手滑滑潤潤地，大大滿足了他喜歡用手直接作畫的「癖好」。

除了用刮鬍鬚的泡沫劑之外，也可以用造型慕斯來替代，「豪華」一點的，就乾脆拿鮮奶油（whipped cream）作畫。當然，玩這門藝術時，大人得在旁邊盯著，免得小小孩好奇心起，把「奶油」塞入嘴巴或揉到眼睛。

老實說，阿米兒玩鬍鬚奶油畫時，「胡搞瞎搞」的成分大於藝術創作。他真正樂此不疲的，是那種滿手泡沫又濕又滑的觸感。看他塗塗抹抹得這麼起勁，臉上堆滿了笑容。

能在框框外盡情的揮灑，享受一下「體制外」的自由；痛快地把手弄得黏乎乎濕潤潤的，當個「快樂的髒小孩」，也是童年才有的一種權利吧？

註：其實老師也有預備讓小朋友穿的防水工作衣，可是不曉得為什麼，沒幾個孩子喜歡穿。我倒是無所謂，反正每次帶阿米兒去上課，我就是有心理準備他的衣服會弄髒，回家再洗就好了，這或許也算是我的一點點放任吧。

文化課

早在幾星期前，阿米兒的老師就問我：「有沒有什麼慶祝農曆年的點子？」

因為阿米兒班上同學以「洋人」居多，老師想藉此機會向小朋友介紹一下中華文化，於是媽媽我就興匆匆地替兒子張羅起過年的玩意兒了。

今天是大年初一，阿米兒一早就去學校當「散財童子」——發紅包。

早在幾星期前，阿米兒的老師就問我：「有沒有什麼慶祝農曆年的點子？」

因為阿米兒班上同學以「洋人」居多，老師想藉此機會向小朋友介紹一下中華文化，於是媽媽我就興匆匆地替兒子張羅起過年的玩意兒了。

因為只有早上短短的三小時，而且老師還得上其他的課，所以內容得精簡些。

再三斟酌後，我給了老師幾個點子：發紅包、做些應景的勞作，還有吃過年的點心。

過年給紅包的習俗連洋人都知道，老師說她好久前也收到過一個紅包袋，她一直把它留著當吉祥物。

我想，就在紅包袋裡裝一些巧克力金幣，讓阿米兒帶去學校送給小朋友吧！紅包袋不難買，難的是金幣巧克力。往年在一般華人超市都可以買到，不曉得為什麼今年我跑了好幾家都找不到。有人說是二〇〇八年毒奶事件的影響，因為很多金幣巧克力據說是由中國大陸進口的。

怎麼辦？難道我真得在紅包袋裡放現金嗎？幸好，容妹來報：Trader Joe's有賣金幣巧克力，於是趕快衝去搶購，結果只買到了一袋，而且還是「漏網之魚」。據店家說這是去年聖誕節遺下來的，被藏在其他的糖果巧克力堆裡。只是，這一袋巧克力好像不夠阿米兒全班小朋友分耶！

真是太巧了，奶奶聽到這消息後，馬上說：「我這裡有三袋金幣巧克力呢！」原來是奶奶的一個猶太朋友去年送給她的禮物，據說也是在Trader Joe's買的。有了這四袋巧克力金幣，夠阿米兒發紅包啦！

打開袋子，倒出黃澄澄的錢幣，還真是有「坐擁錢莊」的錯覺。把它們一一排疊起來，還挺壯觀的。仔細一看，原來這些錢幣還做得唯妙唯肖，不但有日圓、韓幣，連歐元也有，有趣的是裡頭竟然沒有美元，而這些巧克力卻是Made in U.S.A.，最誇張的是居然還有中華民國的錢幣，不但有國父和蔣公的頭像，還有「中華民國××年」的字號。

老師很細心，特別安排阿米兒在同一天當「點心小幫手」（阿米兒班上的小朋友每個月輪流帶點心去學校）。我特別準備了小橘子（大吉大利），還有Gold Fish小脆餅（年年有餘）讓阿米兒帶去，順便請老師告訴小朋友「大吉大利」、「年年有餘」的典故。

早在今天上學前，就讓阿米兒練習用中文說「新年快樂！恭喜發財！」我告訴他：「要教小朋友說『恭喜發財』，然後發紅包給他們唷！」不曉得阿米兒待會兒去學校記不記得？

中午去接阿米兒，老師很開心地告訴我：「今天大家都好高興，阿米兒的紅包很受歡迎呢！」班上的小朋友也做了牛年的勞作。之前我做了幾個成品供老師參考：有燈籠、炮竹，還有一隻用紙盤做的牛勞作，老師選了紙盤小牛讓小朋友做。

小牛身上還寫了中國字「牛」（我跟老師說那個左邊的一撇就是代表牛的角）。

我牽著阿米兒的手走向停車場，一路上，他班上的小朋友手裡都拿著紅包袋與小牛勞作，他們看到阿米兒就興奮地對他說：「掰掰！新年快樂！恭喜發財！」洋腔洋調的，聽起來好可愛。

看來，阿米兒今年的這場「紅包秀」做得挺成功。明年，是不是要披掛上陣，來個舞獅秀呢？

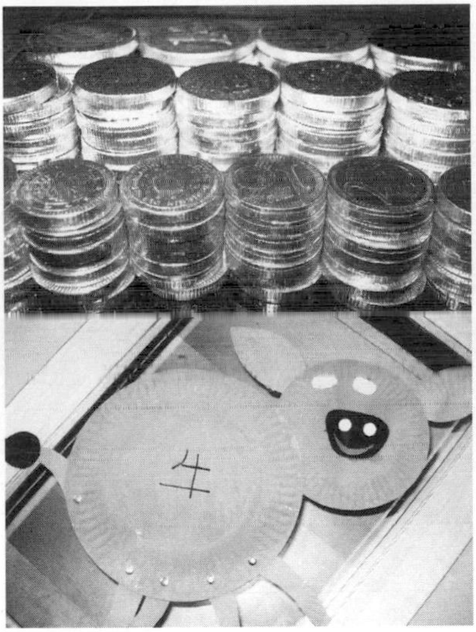

嘟嘟車是每個孩子都乘坐過的「交通工具」，這幾輛勞苦功高的大玩具當然得好生侍候。只見三、兩個孩子一起洗車，連方向盤與輪子都不放過。就這樣大人、小孩一起合作，不到半小時的時間，所有的玩具、桌椅就清潔溜溜。

打掃課

「袋鼠媽媽」的春季課程快結束了，老師請媽媽們一起來大掃除。將桌椅、玩具搬到戶外去，把水桶刷子抹布準備好，大夥捲起袖子來幹活。

本來是說媽媽們負責打掃就好了，小朋友就到一旁去玩。想不到孩子們看到媽媽們都在「玩水」，這種好康的事怎能讓大人專美於前呢？所以到最後是大小全體出動，來個同心合力大清掃。

小朋友們開心地拿著刷子用力刷著椅子桌子，還不時學媽媽沾沾水桶裡的肥皂泡。他們很賣力地清洗著；有的才把椅子擦乾，放在一旁晾著，一轉身另一個又上來拿著刷子拚命刷。結果是一張椅子給不同的孩子刷了十幾次，乾淨得連蒼蠅站在上面都會滑倒。

嘟嘟車是每個孩子都乘坐過的「交通工具」，這幾輛勞苦功高的大玩具當然得好生侍候。只見三、兩個孩子一起洗車，連方向盤與輪子都不放過。可能是和心愛的金髮妹妹一塊工作吧，阿米兒洗得特別起勁。

就這樣大人、小孩一起合作，不到半小時的時間，所有的玩具、桌椅就清潔溜溜。**誰說孩子不懂做家事呢？只要給他們機會，這種「寓『樂』於教」的差事一樣做得有模有樣**。

這讓我想起，以前在學校念書時，每天都要負責打掃自己的教室。從小學生時代起，放學前每個孩子都得參與掃教室的工作。那時有所謂的「衛生股長」，負責調度監督打掃的工作。下課鈴聲一響，大家各就各位，有的負責搬桌椅、有的負責掃地、有的負責拖地、有的負責擦窗戶、有的負責清黑板打板擦，有的負責倒垃圾、澆花……全班幾十個學生每個人都有自己該做的事。

除了自己的教室外，一個班級還負責一項「公共區域」；有的是廁所、有的是操場、有的是升旗台……在這段打掃時間裡，孩子們學會了分工合作、學會了清潔善後，也學會了「為團體爭光」——打掃完後老師或是糾察隊會來打分數，每班的分數就貼在公佈欄上。每一年級最乾淨的教室在星期一早會時可領到一枚錦旗。得獎的班級很「愛現」地把錦旗掛在門口招搖：「瞧，我們班是最乾淨的班。」

其實平常在家裡，很多孩子都是不做家事的；但是在學校裡，人人平等，都要一起「下海」清掃。平常在家裡可能連掃把放哪裡都不知道，可在學校裡卻能把地板拖得光可鑑人，我記得有的班級還會打蠟呢！學生都脫了鞋進教室。

我們也學會了一些「媽媽們才懂」的清潔小常識：原來用報紙擦窗子會讓玻璃閃閃發亮。拖把用完後要豎起來晾乾，不然會發臭發霉，還有「媽媽不見得懂」的撇步：打板擦時要在順風的方向，不然板擦灰可是會嗆得你眼睛睜不開。這樣親自掃除的結果是，大家都變得很愛乾淨，也很少看到有人會去破壞污損公物，例如在椅子底下黏口香糖或是垃圾亂丟。

在美國，學生是不用打掃教室的，課後自有校工來做。學生來學校就是上課，只要好好把書讀好就行，掃教室的事就不必費心了。當然也沒有什麼「清潔股長」、「風紀股長」、「糾察隊」……這些名堂。不曉得現在台灣的學生還自己

打掃教室嗎？有人說那是以前為了節省經費，所以讓學生自己來打掃；也有人說，那些什麼股長什麼長的，根本就是軍國專制主義留下來的玩意兒，早就不時興了。不過，我個人還是很懷念學生時代大家一起掃教室的時光。大家分工合作，一起清掃教室，無形中也凝聚了向心力。透過這樣的團體活動，也不自覺地增進彼此的感情與默契。而且，能在窗明几淨的環境下讀書，又是自己努力的成果，不也是一種享受嗎？

大自然觀察課（二）

這真是一次成功的「瓢蟲日」，小朋友不但從書上學到瓢蟲的知識，也實際觀察接觸了真的瓢蟲，甚至還親手製作瓢蟲勞作。

昨天是阿米兒班上的「瓢蟲日」。老師除了準備真的小瓢蟲讓小朋友觀察，也預備了瓢蟲的勞作，還有童書，讓小朋友對這可愛的小生物有更多的認識。

小瓢蟲勞作的材料很簡單：裝蛋的瓦楞紙盒（一隻瓢蟲需要兩個凹槽，也就是說一個盒子可以做六隻瓢蟲）、黑色墨水或顏料、剪成半月形的紅紙、Brass Fastener安全圖釘、膠水與黑紙小圓點（這兩樣可省略）。

做法也容易：首先把蛋盒子塗成黑色，這是小瓢蟲的身子，然後用安全圖釘把兩片半月形的紅紙交叉釘起來，這是翅膀，之後把翅膀釘在蛋盒上，最後在翅膀上黏些小黑點，如果嫌麻煩可以直接用黑筆畫上去，於是一隻有著漂亮黑點的小瓢蟲就完成了。

我覺得這個瓢蟲勞作很有意思，忙邀阿米兒過來做做。

只是這位小朋友對「真的瓢蟲」比較有興趣，一直待在瓢蟲箱前不肯過來。我又哄又騙地把他「拐」來做勞作，他隨便在蛋盒子上塗幾筆就不玩了。我只好接下來幫他把剩下的工作做完。現場留下來的幾乎都是媽媽，小朋友都擠到瓢蟲箱前去了，看來這種勞作活動對大人的吸引力比較強呀。

故事時間，老師也讀了幾本關於瓢蟲的故事書。

其中當然有著名的那本《The Grouchy Ladybug》（中譯本的書名《愛生氣的瓢蟲》），作者就是鼎鼎大名的Eric Carle，那本《好餓的毛毛蟲》（The Very Hungry Caterpillar）就是他畫的，還有《你是瓢蟲嗎？》（Are You a Ladybug?）作者是Judy Allen，繪者是Tudor Humphries，以及《十隻小瓢蟲》（Ten Little Ladybugs），作者是Melanie Gerth，繪者是Laura Huliska-Beith。這些書都十分有趣，小朋友聽得津津有味，連在座的媽媽們也覺得「原來瓢蟲是這麼有意思的昆蟲。」我當晚就上網訂購了那幾本書。

這真是一次成功的「瓢蟲日」，小朋友不但從書上學到瓢蟲的知識，也實際觀察接觸了真的瓢蟲，甚至還親手製作瓢蟲勞作。

我想，從此以後，當他們在公園或後院裡一定會特別注意小瓢蟲的蹤跡，甚至對整個昆蟲界都會產生極大的興趣。一個大自然的小小觀察家就是這樣養成的啊！

家長與老師的互動課

今天最值得誇讚的，是阿米兒慢慢適應上課的作息了。當老師說：「Clean up time!」時，他乖乖地跟大家一起進教室。唱遊時也顯得比較有興趣，不再像以前一樣事不干己地自顧跑到旁邊去玩，聽到熟悉的歌還會微笑呢。

今天是阿米兒第三次上學。不到七點就起床了，是不是他也知道上課不能遲到呢？

我帶了一大包的鳥飼料，還有水果茶包去學校。鳥飼料是要放在沙坑給小朋

友玩的，我覺得這是很有創意的玩法。因為用真正的沙子清理起來挺麻煩，而且細小的沙粒容易跑進小朋友的眼睛或指甲縫裡；鳥飼料顆粒大，而且就算撒到草地上，小鳥也會自動來吃掉，一下子就清潔溜溜。唯一美中不足的，就是得不時補充飼料。不過，看小朋友們玩得不亦樂乎，一包鳥飼料又算得了什麼。

茶包是給大人喝的。老師和媽媽們也得休息，喝杯茶輕鬆一下。

老師看到我帶了這些東西來似乎挺高興的。上週她就寫在公告欄請家長捐這些東西，今天好像只有我記得帶來。

將心比心，以前上課時，我也會請家長捐些文具用品如白紙、紙盤、紙杯。遇到慷慨的家長，一次帶來一大箱白紙，或去Costco買來大量紙杯紙盤，一學期的供應就不缺乏了。可有時遇到只會坐享其成的家長，連復活節時小朋友畫彩蛋的雞蛋都不帶，還要老師自己掏腰包，不然就用別人的蛋，雖然不值幾個錢，但老師心裡多少會覺得不舒服。

家長和老師的互動是很重要的，尤其是學校的預算有限，如果家長在能力所及之下願意支持贊助，那老師也會覺得很窩心。畢竟，東西都是用在小孩身上，受惠的是他們呀。

早上天氣陰涼涼地，還有一些毛毛雨，不過阿米兒還是興致高昂，玩得很開心。他今天又比上回願意嘗試更多的遊戲設備了。他玩了跳跳床、爬到沙坑探險一下，在教室裡也去玩家家酒的遊戲屋，他和其他兩個小男生對洗衣機很感興趣。三個人開開關關、把按鈕轉來轉去。一位媽媽笑說新好男人就是要會洗衣服、做家事才對。

今天最值得誇讚的，是阿米兒慢慢適應上課的作息了。

當老師說：「Clean up time!」時，他不再聽而未聞，雖然還不至於心甘情願地收拾玩具，但已不像上回那樣反應激烈地抗議，他乖乖地跟大家一起進教室。唱遊時也顯得比較有興趣，不再像以前一樣事不干己地自顧跑到旁邊去玩，聽到熟悉的歌還會微笑呢。

今天媽媽們討論的主題是三餐的營養與用餐的習慣。我有一個挺有趣的發現：

大多數老美媽媽都比較願意，也已經讓小孩自己進食了；而亞裔媽媽，尤其是老中，大多還是餵小孩吃飯，而且她們對小孩有沒有把一定的分量吃完比較在意。

老美媽媽覺得小孩應該練習自己進食，而搞得飯桌亂七八糟，全身髒兮兮是不可避免的，就像吃義大利肉醬麵，「吃完後桌面地上看起來像血淋淋的命案現場也無所謂。」一個媽媽說。

不過我想，這當中不單只是「放得開放不開」的問題而已。畢竟東方人以米飯為主食，米飯不像麵包，可以一整塊放嘴裡咬，也不像麵條，一抓就一大把塞嘴巴。要一個不到兩歲的小孩自己用湯匙把飯平平安安地全部送到嘴裡可不是件容易的事。再說，老中的食物也不像老美的食物，常都是燙口的熟食，而要小孩抓著生胡蘿蔔啃，總是比要他們用湯匙舀著蘿蔔湯喝容易吧？所以，幾乎在場的東方媽媽都覺得，目前要小孩自己吃米飯似乎困難了點，「目前的重點是真的有吃飽比較重要。」

我突然想，也許自己當初寫碩士論文時，應該做這方面的研究：「東西飲食文化對小孩自我餵食的影響」（The influence of Eastern and Western food culture on self-feeding for toddlers），這會是多有趣的一個主題啊！

給阿米兒的畢業信

你開始自己嘗試不同的玩具、探索著各樣的器材，你也慢慢地願意加入群體活動，還跟著音樂又扭又跳。下課後也懂得排隊去領貼紙，順便給老師一個大大的擁抱。

親愛的阿米兒：

今天是你四歲的生日，也是媽媽的「畢業典禮」。

今天剛好也是咱們母子共學的最後一天，開完派對後，就要放暑假了。只是，過了這個暑假，媽媽就不能再和你一起去上學了。「袋鼠媽媽」的工作已經告一段

落，從今開始，你得自己去上學了。想想媽媽這三年來每星期陪著你去上學的時光，應該也可以算是媽媽送你的一份生日禮物。

時間過得好快，那時你還不到兩歲，記得你頭一天上課時，完全沒有進入狀況；你緊緊的抱著媽媽，好奇地看著滿園的小朋友跑來跑去，之後又忍不住拉著媽媽一起陪你玩。

唱歌的時候，你硬是不開金口，也不准媽媽跟著唱，只肯和媽媽窩在角落看著小朋友又跳又唱。吃點心的時候，你像個獨行俠似的走來走去，看到桌上有東西就抓起來塞入嘴巴。老師講故事時你是鴨子聽雷，只想媽媽帶你到外面去盪鞦韆。回家時老師發貼紙，你害羞地不敢伸手去接。問你還要不要再來，你卻肯定地點點頭：「還要。」

就這樣，每星期兩次，一次三個鐘頭。媽媽帶著你去上學，陪著你畫畫、做勞作、一起唱歌、玩遊戲、聽故事……你從一隻黏著媽媽的無尾熊漸漸蛻變成一隻偶爾願意跳出媽媽肚兜的小袋鼠。

你開始自己嘗試不同的玩具、探索著各樣的器材。你開心地像隻花叢裡的小蜜蜂飛來飛去，偶爾抬起頭來看看不遠處的媽媽，彷彿在說：「媽媽你看我。」其實媽媽的眼光從來就沒有離開過你。媽媽無時無刻不在附近盯著你，媽媽的相機、媽媽的眼睛，就這樣專注在你的身上，記錄著你上學的點滴，看著你一天天長大。

還記得你找到「媽媽二號」的那一天嗎？你黏上了小D的媽咪，拉著人家到處走。其他媽媽笑我說是「出頭天到了，兒子終於不黏你了。」老實說，媽媽心裡可是五味雜陳呢。

你已經不是小袋鼠了，你成了好奇的頑皮浣熊。到處摸到處碰，兩隻小手代替畫筆，弄出五顏六色的花樣一堆。你也慢慢地願意加入群體活動，還跟著音樂又扭又跳。下課後也懂得排隊去領貼紙，順便給老師一個大大的擁抱。當你頭一回乖乖坐著和大家一起吃點心時，媽媽還特別寫了篇文章紀念。

親愛的阿米兒，媽媽覺得自己好幸福，能親身參與你的啟蒙教育，一起跟你去上學。媽媽親眼看到你由害羞變為活潑，由退縮變成主動，由「獨行俠」變成「萬人迷」。媽媽也看著你當玩具被人一把搶走時，從四顧茫然愣愣地站在那裡，到懂得「據理力爭」去把它要回來，再而「進階」到在對方還沒採取行動前就先說：「No! No! No!」這真是一項大突破啊！

其實，不單是你在這項課程中受益良多，媽媽我也是受惠多多。媽媽認識了好多媽媽同學，分享了好多媽媽經，學會了好多育兒妙方。

上了這個課後，媽媽才明白「吾道不孤」：這個社會裡，還是有好多全職媽媽存在；有好多媽媽願意放下工作在家陪孩子長大。這些媽媽們都是媽媽的好夥伴，也是互相打氣的啦啦隊。

今天是你最後一天和媽媽一起上學，媽媽在旁看著你熟門熟路地到處玩到處摸，和其他孩子打招呼。媽媽看著看著，覺得自己的眼睛濕濕熱熱地，以後媽媽不能再像這樣當狗仔隊了。你要自己去上學了，媽媽只能站在「外面」看你、等你下課。媽媽以後不能再到學校陪你玩、幫你拉拖車了，你得自己加油囉！

加油，親愛的阿米兒，這是媽媽的「畢業感言」，也是「愛的謝言」。謝謝你讓媽媽有機會當你的「同學」，讓媽媽重拾赤子之心，找回歡樂的童年。謝謝你這三年來讓媽媽參與你學校生活的點滴，陪你一起走過成長的道路。

現在是你單飛的時候了，媽媽不再是袋鼠媽媽了，媽媽要蛻變成老鷹媽媽，帶著信心與感恩，看著你展翅上騰，目送你升空離巢。祝福你，我親愛的老鷹寶寶，願你的天空澄藍、陽光普照，每一朵白雲都對你微笑。

愛你的媽媽

生日快樂

畢業快樂

Part 2
不一樣的preschool

前言／不一樣的Preschool

阿米兒四歲多時開始上preschool。preschool的意思就是「學前教育」，也就是幫助小孩預備好進幼稚園。

我幫阿米兒報名了半天班的課，每天只上三個鐘頭。短短的三個鐘頭裡，小朋友跟著老師唱唱跳跳、玩遊戲、吃點心、聽故事、做勞作，認認簡單的字母與數字——感覺還意猶未盡時就準備打道回府了。

其實，讓阿米兒上preschool最主要的目的，是讓他習慣「沒有媽媽一起上學」的日子。畢竟咱們母子一起上了三年的袋鼠媽媽課，也是該學習放手讓孩子單飛的時候了。阿米兒要學習自己面對新環境、與人互動，在沒有媽媽協助與翻譯的情況下，自己「搞定」突發狀況。

加油，阿米兒，媽媽知道你是有潛力的，好好享受新的學校生活。還有，媽媽我也要來享受一下，這難得的「三小時貴婦時光」。

選擇preschool的關鍵

與其迷信進入所謂的「好的名牌preschool」，不如好好花心思去了解自己的孩子到底適合哪種學習環境。畢竟孩子要能先喜歡「上學」，才能喜歡「學習」。

阿米兒快三歲了，對很多小朋友來說，這是可以準備去上preschool的年齡。一般來說，在美國所謂的preschooler是指三到五歲的學前兒。很多家長，尤其是像我這種第一胎的新手媽媽，對孩子上preschool這檔事無不戒慎恐懼、如臨大敵，生怕這「學校教育的最初步」萬一踏錯了、踏歪了、踏遲了會影響心肝寶貝日後的學習，因此做爸媽的幾乎是卯足了勁，努力尋找心目中的「完美」preschool，希望自己的孩子能在一個最棒的學校裡成長、學習。

說來慚愧，我研究所是念兒童發展（Child Development），按理說對孩子的學前教育議題應該不陌生。雖然稱不上是專家，可是遇到問題時應該也可以老神在在，不然家中的藏書、電腦裡的論文報告隨便翻一翻，也可以輕鬆地找著答案。

可是自從當媽以後，我覺得自己多了一項「美德」，那就是比較「謙卑」。因為我深深的體會到一個滿腹經綸的育兒專家跟一個身經百戰的資深媽媽比較起來，她的「道行」簡直是「憨慢」太多了。

我發現自己所學的程度，跟不上兒子長大的速度；所寫的論文頁數，比不上他每天突發狀況的次數，所以當了媽媽後，我絕少在人面前「透露」自己過去的幼教背景，特別是在「袋鼠媽媽」的課堂裡，更是低調得不能再低調。在老師、其他媽媽面前我永遠是那個問題一籮筐的菜鳥媽媽，對其他資深媽媽的忠告與經驗顯得求知若渴。

今天媽媽的討論議題就是如何為孩子選擇preschool。最近我和先生也正好在為阿米兒上preschool的事操煩，剛好藉著這個機會與老師和其他媽媽交換意見。綜合各方論點與經驗，我覺得收穫不少，就來分享一下心得。

一開始討論的時候，老師就丟來一個大炸彈。她語出驚人的說她本人反對三歲小朋友上preschool。

這下可激起一大圈的漣漪。這位老師是有執照的兒童心理學家，本身是三個孩子的媽，教授親職教育課程也有好幾年了。

她這話一出，媽媽們大驚失色：「為什麼？」「孩子難道不需要學前教育嗎？」「在preschool不是可以學習社交人際關係嗎？」「不是說有上preschool的孩子對幼稚園的適應力比較好嗎？」

我在旁聽了也嚇一跳，因為以前念書時，學前教育的重要是一直被強調的；就連美國政府不也大力提倡所謂的First Five（強調小孩五歲學齡前教育的重要，所以也鼓勵家長送小孩去念preschool）嗎？難道這背後有什麼不一樣的理論？

老師不疾不徐地說：「我個人覺得如果不是因為家長工作上的需要，一個三歲的孩子是不需要去上preschool。其實就學術課業來說，一個三歲孩子所該學到的，在家裡父母親也可以教他。政府大力提倡First Five是因為加州的學術評鑑在全美吊車尾，為了提升成績，所以強調要由preschool開始加強，但是我個人覺得加州的學術成績不好跟孩子就學年齡無關，問題是出在課程的編排與師資上……」

接著她又說：「就社交人際關係的發展來說，三歲的孩子最需要的社交學習環境就是家庭。小孩真正能與同年齡朋友成熟互動的年紀是在三歲半到四歲左右，等到四歲再送孩子去念preschool並不算遲。相反的，他們的心智、語言、認知程度更加成熟，反而更容易適應學校環境。」

老師再說：「不過我能了解一些家長基於工作上的需要，或是因為家裡添了新生兒，所以必須送孩子去preschool的必要性，所以在這裡我還是會就選擇preschool給大家一些建議與指引。」

這時我感到周圍的媽媽們暗暗地鬆了一口氣。她們可能還是對「不需要在四歲以前送孩子去preschool」的說法不太能接受吧！

老師發給我們一份「二十個必問的問題」作為選擇preschool的參考。我試著把它翻譯成中文。

老師特別強調，**選擇preschool一定要自己親自去參觀過。如果可行，自己先去看一遍，因為帶著孩子去，有的時候無法面面俱到地觀察到每個細節，也不容易和裡面的老師、工作人員有深入的互動與了解，之後再帶著孩子去一次。**

她說這二十個問題看起來囉唆繁複，可是絕對值得花時間去了解，與其等孩子上了幾星期後才發現學校不合適，不如之前就多下工夫來選擇好學校。

---

1. Ask for a quick tour and a policy manual.
要求一個簡短的參觀與章程手冊。

2. Ask to see the curriculum listing and plan book [or sheets] for the current 4-year-old class.
要求一份四歲班目前的課程表與教學計畫。

3. How many classes are there?
學校裡有多少班級？

4. What credentials does the school have?

學校持有哪些執照？

5. How long has the present director been there?
校長（負責人）在那裡工作多久了？

6. What is the background of the teacher that your child may get? How long has she taught? If a teacher does not have a degree--it's not a big deal. Go by experience and how she presents herself to you and your child.
老師的背景？年資？老師的學位不是最重要的，重點是她的經驗與教法。

7. How many and what kind of meals are served?
學校供應餐點嗎？內容如何？

8. How old is the building? Has it been tested for asbestos and what type of cooling and heating do they offer?
建築物是否老舊？是否通過石棉檢測？它的空調系統如何？

9. How big is the inside and outside play area?
室內室外的遊戲空間大小如何？

10. How many children are in one class?
一班有多少小朋友？

11. Is there an aide if the class goes over a certain number?
有助教嗎？

12. What type of discipline guidelines do they have?
對小朋友的管教懲處方式是什麼？

13. Is the room safe and child friendly?
教室是否安全？是專為兒童設計的友善空間嗎？

14. Are the toys and books on a low shelf? How often are the toys washed?
玩具與書本是不是在孩子觸手可及之處？玩具多久清洗一次？

15. Are there field trips? Who drives for the field trips?
有沒有校外教學？誰負責開車？

16. Is there a music and/or art program?
有沒有音樂或美術課？

17. If academics are important to you and about how much writing and reading they will do.
如果你注重課業，問問安排了多少寫作與閱讀的課程。

18. Don't ditch a preschool if is not accredited. This process is expensive and some cannot

afford it.

沒有政府認證的學校不見得比較差，因為申請認證的費用頗高，不是每個學校能負擔得起的。

19. Write down other questions that might be important to your individual child and family.

記下你覺得對你的孩子或家庭重要的問題。

20. If you do not understand any answer-- ask the question again. Do not be shy. Talk to other parents and call references.

如果有不明白的地方，再問一次。不要不好意思，也可以請教其他家長或是聽聽別的推薦。

討論結束前，老師特別加了一席話：「雖然念preschool對孩子來說，是這輩子第一次入學，大家難免會緊張，但孩子的學習是一輩子的事，跟往後的學習生活相比，孩子在preschool的這一、兩年，反而是對他們最輕鬆，也最不需要我們擔心的階段。與其老想要找一個『最好』的preschool，不如換個心態，去找一個能讓孩子『快樂』的學校來得重要。」

老師的話很有道理，與其迷信進入所謂的「好的名牌preschool」，不如好好花心思去了解自己的孩子到底適合哪種學習環境。畢竟孩子要能先喜歡「上學」，才能喜歡「學習」。

建立學習熱情的好老師

J媽媽問我：「你們在家說英文嗎？」

我回答：「沒有耶，我們都跟他講中文。」

「原來如此。」J媽媽笑了。她說：「不過我想你應該不用擔心他的英文。我覺得他很有學習的熱情與信心呢。」

上週帶阿米兒去參加生日派對。小朋友在跳跳屋裡又蹦又跳，家長們就在旁聊天交換媽媽經。

其中一位J媽媽問我：「你們家阿米兒是頭一年上preschool吧？」我說：「是

啊。」

她又問：「你們在家說英文嗎？」我回答：「沒有耶，我們都跟他講中文。」

「原來如此。」J媽媽笑了。她說：「不過我想你應該不用擔心他的英文。我覺得他很有學習的熱情與信心呢。」

「此話怎講？」我有點好奇。

原來，J媽媽上週因為小孩生日，送蛋糕到教室去；順便幫老師排排餐具，好讓小朋友等會兒吃點心。她說那時小朋友全坐在地毯上聽故事，之後老師問了幾個問題，小朋友爭相舉手作答，其中也包括

阿米兒。

J媽媽說老師請他回答，只聽阿米兒煞有其事，嘰哩咕嚕地講了一大串話。

J媽媽一時不察，心裡納悶：「奇怪，我怎麼聽不懂他的『英語』呢？」

再仔細聽，原來阿米兒講的不是英語，只是一串「聽起來」很像的「偽英語」。

接下來，J媽媽告訴我的話很讓我感動。

她說，就在阿米兒「侃侃而談」一番後，**老師並沒有露出任何驚訝、不解的表情或反應，她神色自若地用英語替阿米兒「翻譯」，並告訴其他小朋友：「阿米兒剛剛的意思是……」她就剛剛故事的情節，用很正面積極的幾句話把阿米兒剛剛說的「火星話」翻成了小朋友聽得懂的內容，然後又笑咪咪地問他：「是不是這樣啊？」**

於是阿米兒很得意地點點頭，大聲的用英語說：「That's right!」然後大家皆大歡喜，問答成功。

J媽媽說：「你看，雖然阿米兒的英文還不太靈光，可是他不會因此自卑或是不願意開口，他還是很自信的舉手回答，講得頭頭是道，所以連我都差點給『唬住』了呢！有這種積極的學習態度，還怕他英文學不好嗎？」

其實，聽完J媽媽的敘述，真正讓我感動的，並不是阿米兒的自信與大方；而是老師的體貼與細心。

我想，這一定不是阿米兒第一次舉手發言，老師也不是頭一回替他「翻譯」了。就是老師這種正面積極的態度，才會讓阿米兒再接再厲地「暢所欲言」。

如果當初阿米兒講了那一段「偽英語」，老師皺起眉頭說：「你講的是什麼話？」或者是當其他孩子因此取笑他，而老師沒有制止，反而跟著笑起來，我想，阿米兒應該從此就不會再舉手，也不願再開口了吧？

我衷心地感謝老師，給我的孩子一個發言的機會；縱使他的英語說得支離破碎，甚至夾雜著自編的「火星話」，她也一樣鼓勵他去嘗試。

老師不著痕跡的幫助，讓他在班上不會覺得格格不入，也不會感到低人一等。因為這樣貼心的「翻譯」，讓孩子覺得被了解、被肯定，他學習的信心與興趣，也無形中被建立了。

前陣子不是很流行「幸福格言」的廣告嗎？我覺得，「孩子能碰到好老師，是幸福」；而能「碰到一個會翻譯的好老師，是奢華的幸福」。

品格作業——恩慈行動

孩子下課時，我會問他：「老師今天教了什麼？」但是我有沒有問過他：「你今天有沒有對別人好？」

阿米兒的老師給了小朋友一項回家功課。一份小小的清單，列出「My Acts of Kindness」（我的恩慈行動）。老師附上了一張說明，大意是說：「小朋友最近在課堂上討論如何對別人仁慈友善，無論是做一件事或是說一句話，能帶給人幫助或快樂，就是簡單可行的恩慈行為。請家長在家幫助孩子寫下他們這一週所做的『恩慈行動』後交回學校，我們會在課堂上分享每個孩子的經驗。另外，『恩慈行動』也是餐桌上適合全家討論的晚餐話題唷！」

我看著這張小紙條，心裡感觸很深。

對我來說，這項作業，比過去任何形式的功課更教我看重。我真的很感謝老師讓孩子帶回了這項作業。

Kindness，仁慈或是恩慈，Acts of Kindness，恩慈的行為；簡單的說，就是要對別人好。

一雙恩慈的手是幫助的手、一句恩慈的話是讓人開心的話。也就是說，你的所作所為、你的言語、你的行動，要能帶給人微笑、讓人覺得溫暖。

一個四歲的孩子，懂得什麼是恩慈嗎？他的言行，是否有恩慈良善在裡面？我想是肯定的。

雖然孩子還小，但是這樣的品格是可以培養、是可以被教導的。

Being kind to others，對別人好，讓人感到溫暖與被關懷，讓人覺得自己被接納與被肯定。我深信一個四歲的孩子一樣做得到。

我不由得思考，在老師發回這項功課之前，我是不是有認真的把「恩慈」當成一個孩子必須要懂、需要學會的功課？

我在乎孩子會不會寫、能不能讀、跟不跟得上課業進度，我是否也同樣的在乎他懂不懂得恩慈、有沒有恩慈的表現？

如果我的孩子懂得二十六個字母，大小寫都寫得工工整整，但他從來沒有伸出過恩慈的手，也沒有說過一句恩慈的話，我會像擔心他聽不懂英文一樣焦急擔憂嗎？

孩子下課時，我會問他：「老師今天教了什麼？」但是我有沒有問過他：「你今天有沒有對別人好？」

如果老師今天只給了這項「恩慈行動」的回家功課，而沒有其他那些英文、數學的習題，我的心裡會不會嘀咕：「老師也太混了吧？」

都說要孩子「品學兼優」，但若兩者只能取其一時，我誠實地問自己：「我要品格，還是成績？」

好成績是需要努力學習，好品格也需要教才會。我是不是有認真把它當成一回事來教育我的孩子？

謝謝老師給了孩子這項作業，它也是我的作業。

它讓我再度省察自己，對孩子教育看重的是什麼。

我希望自己不會在孩子青春期時才驚覺：原來我從來沒有教過我的孩子是非曲直、禮義廉恥；他進了名校、擁有了一切，卻連一句謝謝也不會說。因為我從來沒有在餐桌上與他討論過Acts of Kindness。

寫功課是門大學問

隔天，跟老師提到阿米兒寫功課的事。老師給我的建議是，要幫助孩子明白：「過程比結果重要」。

重點不是寫得好不好、畫得棒不棒，而是「有沒有盡力」。這回做不好，還有下次機會，下一次會比這一次更進步。

最近偶爾會因寫功課這件事與阿米兒「擦出火花」。

幼兒園老師一星期會發兩次作業讓小朋友回家練習，內容不外乎是寫字母、畫畫圖、連連看、數數兒……這些簡單的「活兒」。對媽媽來講，這種小小孩的

「功課」只要「有寫就好了」；但阿米兒卻把這類的「粗活兒」當成是「替皇室繡花」，一定要做到盡善盡美，於是母子擦槍走火的意外就發生了。

那天阿米兒的功課是要在大寫字母旁填入小寫字母，他所有的大寫字都認出來了，只是要填小寫字時，有一、兩個忘了怎麼寫，不然就是下筆前沒有算好位置與距離，「頭」擺進去了，「身體」卻擠不進去。於是阿米兒發火了，氣急敗壞地要拿橡皮擦把寫壞、寫歪的字擦掉。

越急就越壞事，一不小心擦太用力，把紙給弄皺了。於是他生氣的把橡皮擦一扔，手忙腳亂的想把紙張撫平。

我問：「你要媽媽幫忙嗎？」

「不要！」小子挺有骨氣的。

把紙張搞定後，又繼續未完的作業。

只是那個小寫的 q 還是想不起來怎麼寫，是頭向左，還是頭向右？那根「棍子」是往上爬，還是向下伸？

只見阿米兒遲遲下不了筆，想來想去就是不確定 q 要怎麼寫。

我又問了：「你要媽媽幫你嗎？」

「不要幫！」阿米兒氣呼呼地說。

然後就開始扁嘴大哭，一面哭，還一面把鉛筆、橡皮擦亂丟。

本來只是簡簡單單的寫功課，卻變成了哭哭啼啼的鬧劇，弄得我都快抓狂了。

隔天，跟老師提到阿米兒寫功課的事。老師給我的建議是，要幫助孩子明白：「過程比結果重要」。

重點不是寫得好不好、畫得棒不棒，而是「有沒有盡力」。這回做不好，還有下次機會，下一次會比這一次更進步。

老師說，自我要求高的小孩，往往不須別人提示或指出，心裡就已經知道自己做得好不好——所以有時會因為自我設下的標準過高，卻發現成果與期望的落差太大而變得氣急敗壞，甚至惱羞成怒。**我們要做的，就是幫助他學會「不要只看成果，要懂得享受過程」**。

與老師談完後，我覺得受益良多。

這不單是個性龜毛與否的問題，也是一種學習態度的調適。說真的，很多時候我們都是以結果來論成敗。所謂一份「很棒的作業」就是一份「寫得很好的作

業」；當然，將功課寫好並沒有錯，只是**我們很容易忽略了一份優秀成績的背後是需要不斷的練習與嘗試。**

如果我們只是讚許孩子的成果，卻很少在他嘗試的過程中鼓勵他，那我們就是間接在教導孩子：「成績才是最重要的。」

當我們不再注重過程，很容易就會為了要速成而走捷徑，想要馬上看到結果而不擇手段，而不擇手段往往與無情無義只是一線之隔。這樣的「成功」，真的能咀嚼出收穫的喜悅與甜美嗎？

陪小孩做功課，還真不只是「盯著他」這麼簡單而已。不知不覺中，我們灌輸了孩子成敗的概念、好壞的價值，甚至培養了他們享受過程、體會練習樂趣的「胃口」，也間接地影響他們日後行事為人的態度。

我想，要在「粗活」與「繡花」間找到平衡點，這份「功課」，連媽媽我也有得學習呢！

站在椅子上的媽媽（上）

責罰的重點往往著眼在「做錯事」——因為你的行為不當，所以該罵、要受罰。而管教的重點在於「做錯事的動機或原因」——為什麼你的行為會不當？你當時是怎麼想的？你知道這樣做為什麼不對嗎？

「角色扮演」或「角色互換」是我們在上親子講座時常做的活動。目的是透過不同的角色扮演，學習去體會當事人，特別是孩子的心情，以他們的角度來看事情的來龍去脈。

今天主講人要媽媽們兩個一組。一個站在椅子上，扮演一個「氣急敗壞」的媽媽。另一個坐在地上，扮演「屢勸不聽」的孩子。

在半分鐘內，媽媽站在椅子上，不停地碎碎唸：「跟你講過多少次了！」「你怎麼就是聽不懂？」「你為什麼就是學不到教訓？」「你怎麼不能像×××一樣？」……之後再換原本坐在地上的「小孩」站到椅子上當媽媽，重複半分鐘類似的碎碎唸。

之後主講人問大家，「當小孩的滋味如何？」

有人說，原來「在孩子的眼中，媽媽這麼高大」，「面對一個比自己高很多的人在發脾氣，感覺特別可怕。」

也有人說：「這樣懸殊的高度差距，讓坐在地上的『小孩』很有壓迫感。」

還有人說：「坐在地上看著椅子上的大人，只感到她手勢與表情所表達出來的情緒與怒氣，卻不能真正把她講出來的話聽進去。」

也有人說：「坐在地上被高高在上的人不斷地指責，感覺很想哭。」

主講人說，這就是我們在盛怒中責罵孩子時，他們所感受到的情緒。

其實，我們並沒有真正的「處罰」或是責打孩子，但所造成的衝擊卻一樣具有威力。當然，在剛剛的活動中，母親與孩子的高度距離是經過特別拉長的，但對孩子來說，那種面對一個發怒的大人所產生的壓力或不安卻是一樣的。

這也就是為什麼，在這個課程中，一直強調，**當孩子行動不對，或是做錯事時，「管教」重於「責罰」**的原因。

責罰的重點往往著眼在「做錯事」——因為你的行為不當，所以該罵、要受罰。而管教的重點在於「做錯事的動機或原因」——為什麼你的行為會不當？你當時是怎麼想的？你知道這樣做為什麼不對嗎？

簡單地說，**責罰是對「事」，而管教是對「人」，或者說人的「心」**。

主講人說，不管我們願不願意承認，其實，在養兒育女的過程中，很少孩子的錯誤行為會因為一次的責罰就一勞永逸、不會再犯。孩子或許會因為出於害怕受罰而停止錯誤的行為，但他們的內心卻有可能因為「想躲避受罰」而產生「怨懟」（因為我比你弱小，所以我無可奈何）；「報復」（沒關係，等有機會我會再來一次）；「叛逆」（口服心不服、我就是要跟你唱反調）；甚至「投機」（這次給逮到，下回我會更小心）與「自卑」（我總是做不好、我是壞孩子）的結果。

有媽媽問了：「真的有這麼嚴重嗎？小孩會想這麼多嗎？」

主講人說了一句發人深省的話：「**如果我們的管教只在表面，而沒有深入內**

心。短時間或許看不出，但長期累積下來，等孩子到了青少年時期，上述的負面影響就會浮現了。」

這真的很不容易，尤其是小孩闖禍的那一剎那，真的是一股火都要冒上來，沒扁小孩就不錯了，哪還想到他以後青春期會怎樣。

「所以說，教養兒女是一種雙向的成長。」主講人似乎讀出我們這些媽媽的心聲了。

「**在改變孩子前，我們要先能改變自己**。包括我們管教孩子的方法與態度。處罰不是目的，充其量它只是『制止』了某個錯誤的行為。管教才是我們的終極目標，也就是說，我們要『教』孩子什麼才是對的。」

主持人要我們回想一下，有沒有在我們幼時或年少時，因為犯了錯而受責罰，而那事件至今讓我們印象深刻，感覺仍歷歷在目。

之後，她跟我們分享了一個小故事。

站在椅子上的媽媽（中）

在我們的生命中，是不是也有類似的情形發生？我們知道自己是「罪有應得」，但那種傷心、懊悔、羞辱，甚至委屈的滋味卻不會因此減輕。我們會希望對方能再給我們一次機會，或者對我們能仁慈些、寬容些……

一個五年級的孩子，有一回在考試時作弊，當場被老師逮到。生氣的老師馬上將考卷奪來撕成兩半，又說因為這孩子不誠實，所以這回考試只能拿鴨蛋。回家後，這孩子又挨了爸爸一頓好打，媽媽罰她禁足一個星期。

這孩子學到了教訓，從此再也不敢在考試中作弊。

主講人說完這個故事後，問在座的學員：「在大部分人看來，這是個很有效果、『罪有應得』的處罰方式——做錯事，吃苦頭，以後不再犯。不過，我還是想請大家來做一個角色扮演的活動，想像你是那個五年級的孩子，你當時的感受如何？」

有人說：「害怕、緊張。」

也有人說：「後悔。覺得自己很差勁，是個不誠實的壞孩子。」

另外有人提道：「老師當場撕考卷的處理，讓我在班上抬不起頭來。」

還有人說：「回家後，父母的責罰再一次地加深罪惡感。」

接著主講人問大家：「如果你有一根魔法棒，可以改變在作弊之後發生的事件，你會希望事情如何演變？」

有的學員說：「或許老師可以不要在全班人面前揭發我作弊的事。給我留點面子。」

也有人說：「爸媽不需要再處罰我，因為我已經知道錯了，心裡也很後悔了。」

還有人說：「我會希望我的爸媽可以給我一個解釋的機會。因為我只是一時鬼迷心竅，沒有考慮後果。」

甚至也有人質疑：「會不會就是因為每次考不好，回家會吃苦頭，所以小孩才鋌而走險呢？」

主講人說：「其實，我們都承認，當時大人們的處理方式是『合理』的，在某個角度來說，也是『公平』的——做錯事就該受罰，這是天經地義。但是就這孩子來說，這樣的處罰不單是針對她的行為，甚至也影響了她的內心。

「各位想想，在我們的生命中，是不是也有類似的情形發生？我們知道自己是『罪有應得』，但那種傷心、懊悔、羞辱，甚至委屈的滋味卻不會因此減輕。我們會希望對方能再給我們一次機會，或者對我們能仁慈些、寬容些……

「這就是我為什麼會說，管教勝於處罰的原因。**處罰只是針對當時的錯誤，帶來的反應往往是負面消極的，只是制止了錯誤的行為不再發生，但管教卻是針對內心的動機，它能帶來正面積極的影響。孩子可以從中學習，除了不再重蹈覆轍之外，他們也感受到被原諒、被接納。**

「我們常誤以為，處罰孩子，就是要讓他們牢牢記得受罰時那種不愉快的感覺，這樣就可以防止他們再犯錯。可是這樣的處理方式，往往附帶著情感上的折傷與磨損。如果有一天傷口結痂了、長繭了，對處罰不再有反應時，那我們該如何呢？加重劑量？還是割得更深？」

說真的，我覺得這樣的說法，跟我過去自己所受的教養方式有一些出入。不要說「棒子底下出孝子」了，不都說「不打不成器」嗎？這個「打」除了「真打」外，也代表了權威的處罰不是嗎？小孩就算不打不罵，罰他還不成嗎？不教訓他怎麼能學乖呢？

但我再仔細咀嚼主講人的分享之後，卻不由得認同她說的有道理。管教的目的到底是什麼？只是要孩子「為做錯的事付上代價」嗎？只是要「制止他不乖」嗎？只是「為了要消除我被惹動的怒氣」嗎？

我想，幫助孩子向善，引導他們走入正途，不再犯同樣的錯誤，並能去做對的事。才是管教的終極目的。

所以，要怎麼去「管教」才能達到最好的效果呢？

站在椅子上的媽媽（下）

「想想如果你是孩子，或當你還是小朋友的時候，你是怎麼想的？你的感覺如何？」

試著用孩子的眼光來看事情，而不是一味地站在大人的高度來處理衝突。也就是能對孩子產生同理心，這是一切管教的基本點。

「對啊，到底什麼是最有效的管教方法呢？」很多媽媽都迫不及待地等主講人揭露祕訣。

「還是一句老話：『一切從心出發』。」主講人說。

有效果的管教，是由心出發的。一切外在的行為，也都是從內心帶出來的結果。

當我們的心，可以貼近孩子的心；我們的眼睛，可以看到孩子看到的；我們的角度，可以轉成孩子的角度——我們就掌握了管教的祕訣。

「聽起來沒什麼嘛！」有些媽媽顯得有些失望，「我還以為是什麼大道理呢！」

可是仔細想想，小孩凸槌、闖禍，或是跟大人唱反調、越講越故意時，我們第一個反應往往就是生氣：「啊你是講不聽喔！」「這孩子很可惡耶！」我們往往看到他們的壞行為，本能地就是要「給他點教訓」，哪會想到什麼心不心的呢？

但事實上，一個行為出狀況的孩子，就是一個「心出狀況」的孩子。

他可能是想引人注意（所以故意吵吵鬧鬧）；可能是害怕失敗（我不會，所以不想寫功課）；可能想要嘗試獨立自主的滋味（我不要你幫忙、我自己可以做）；也可能是因為覺得受傷害了，所以找機會報復（趁機捏弟弟一把，誰教你們都要我讓他）；或者，他就是因為累了、餓了，所以開始不安，找麻煩……

「想想如果你是孩子，或當你還是小朋友的時候，你是怎麼想的？你的感覺如何？」試著用孩子的眼光來看事情，而不是一味地站在大人的高度來處理衝突。也就是能**對孩子產生同理心，這是一切管教的基本點**。

管教的開始，是要找出「為什麼」，而不是著重在「孩子做了什麼」。如果我們只看到他們做了什麼，很容易就因此生氣，而生氣之下所帶來的責罰，卻不一定能收到最好的管教效果。

「管教不是一時，有時我們會覺得，馬上給點顏色或重重地處罰孩子，就能收到立竿見影的效果，這樣就夠了、就達到教育的目的了。」主講人說：「可是，如果我們沒有從心裡去管教，那孩子越大，隱藏得越好，或是花樣越多時，我們的處罰就不見得有效果了。」

其實，一堂課三個小時，主講人提供了很多管教的「工具」給媽媽們。她也強調，每個「工具」不見得

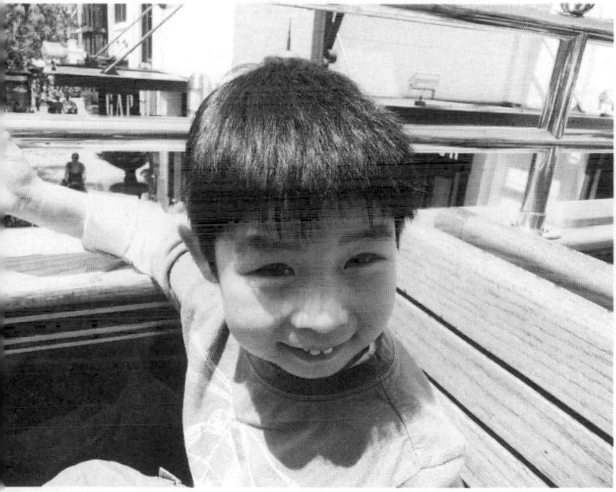

適用在每一個孩子、每種情況；有時也可能一次需要用到兩、三種工具、雙管齊下才能收到效果，甚至還可能要不斷地重複使用，才會看到改變，但原則就是，在這些工具的使用前，我們要先能「摸著孩子的心」。

對我來說，在課堂上，每一回的角色扮演活動，都讓我受益良多。因為我們「演」的，都是在座媽媽提出來，在生活中常碰到的一些事故：不好好收玩具、叫不動、跟弟妹吵嘴……**同一個衝突事件，我們輪流地以母親、孩子的角色去經驗其中的感覺**。

很多媽媽在扮演孩子之後，都說：「原來孩子是這樣想的。」「原來孩子的心是這樣的。」

然後也不禁會對自己的媽媽角色有了新的反省：「原來我真的是讓孩子有聽沒有到。」「原來在孩子看來，我才是那個無理取鬧的人。」

有了這層體認，接下來主講人提供的「工具」就能使用得更得心應手了呢！

讓想像飛翔的一堂課

收玩具的時候，阿米兒拿起了榔頭，開始把「蠟燭」一根根敲下去。

「咦！你怎麼把蠟燭敲進蛋糕裡了呢？」媽媽我還沒自派對中的「激情」恢復過來。

「這不是蠟燭，是釘子！」阿米兒很認真的敲打著，「阿米兒蓋房子。」

這幾天太陽公公的心情變好了，天氣也暖和起來。老師在戶外擺了好多玩具，其中有一樣是「釘子與榔頭」玩具。

那是包著布的保麗龍方塊，附上一大把塑膠釘和幾把玩具榔頭。小朋友可以在方塊上面釘塑膠釘，用小榔頭敲啊敲，體驗一下做工藝的樂趣。

阿米兒很喜歡這個玩具，他很認真地把不同顏色的塑膠釘一根根插在方塊上，直到方塊上佈滿了彩色的釘子，他得意地左右端詳他的傑作。

我問他：「阿米兒，你怎麼不把釘子釘下去呢？」

雞婆的我見他沒反應，逕自拿了一把鎚子往其中一根釘子敲下去：「你看，像這樣。」

想不到兒子氣急敗壞地阻止我：「馬麻不要動。」

他把釘下去的釘子又拉高：「這是蠟燭，生日蛋糕插蠟燭。」

原來如此，阿米兒把這些彩色釘子當成是蠟燭，那保麗龍方塊就是一個好大好大的生日蛋糕。原來他這麼有想像力，我這媽媽真是死腦筋啊。

「對不起喔！」我跟阿米兒道歉，「媽媽不小心把你的蠟燭壓下去了。這是誰的生日呢？」

「是阿公生日。」阿米兒說。

「是這樣啊，難怪要插這麼多蠟燭。」我笑了。

於是阿米兒煞有其事地對著「生日蛋糕」唱起〈生日快樂歌〉。

唱玩後，他拍拍手：「好棒，吹蠟燭！」於是我陪著他「吹熄」了所有的蠟燭。

接下來阿米兒又說：「我生日。」

我問他：「你幾歲了呢？」

「我三歲。」他伸出了胖胖的三根手指。

「答對了。」

我說：「可是你今年就要變成四歲囉，所以要插上四根蠟燭。」

於是阿米兒在「蛋糕」上插了四根「蠟燭」：「唱〈生日快樂〉！」我們母子倆又開始合唱。

這下子引來了其他的小朋友，每個人都要在蛋糕上插他們的蠟燭。大夥輪流當壽星，〈生日快樂歌〉唱了一遍又一遍，最後大家決定來開個生日派對。每個參加的人都要帶禮物，於是那幾個保麗龍方塊又成了好大包的生日禮物。

就這樣，小朋友開起了熱鬧的生日派對，拿著保麗龍方塊互相送禮物，快樂的歌聲響遍了校園，直到老師搖鈴了，大家才散會。

收玩具的時候，阿米兒拿起了榔頭，開始把「蠟燭」一根根敲下去。「咦！你怎麼把蠟燭敲進蛋糕裡了呢？」媽媽我還沒自派對中的「激情」恢復過來。

「這不是蠟燭，是釘子！」阿米兒很認真的敲打著，「阿米兒蓋房子。」什麼？怎麼這些蠟燭像十二點過後的灰姑娘，搖身一變又成了平凡的釘子。兒啊，你的想像力也未免跳太快了，媽媽我都快跟不上了。

看到阿米兒如此「收放自如」地運用著他的想像力，不由得羨慕起孩子的天真與童稚。也只有單純如孩子的心，才能這樣自由自在地玩樂，享受簡單玩具所帶來的樂趣吧！

媽媽犯了一個錯誤

阿米兒，或許這件小事你早已忘記了，可是媽媽還是想把它記下來，你曾經是這麼勇敢的面對人生中的一個挑戰；在你上學的初體驗裡，你又成功的克服了一次分離的焦慮。

親愛的阿米兒：

現在是早上九點四十五分。媽媽剛剛從你學校的「好漢坡」一路走下來。媽媽給自己立了一個小小的心願：希望每天送你去上學後，自己也能乖乖運動，走路上下山一趟。

媽媽剛剛才到了山下的星巴克點了一杯冰茶，今天太陽公公好早就露出大大的笑臉，一趟下來就滿頭大汗了呢！本來，媽媽心想，上星期氣溫下降，秋高氣爽的時節最適合運動；想不到今天星期一竟然又變得好熱，差點想打退堂鼓：「等天氣涼點再運動好了。」

可是媽媽想到了你，現在每天都要上學，不管天冷天熱都得去學校，「這叫做有恆心。」媽媽這樣告訴你——儘管有時候不想去學校，但還是得乖乖去盡一個學生的本分。想到媽媽這樣要求你，自己豈可不以身作則？於是媽媽今天才決定開始運動、去爬好漢坡。

說到不想上課，今早快到學校時，原本在車上哼著歌兒的你，突然開始「自導自演」跟你的天線寶寶說起相聲。

「天線寶寶，你為什麼不想上學呢？」

「因為想哭哭。」

「為什麼哭哭呢？」

「因為馬麻不能陪我上學。」

「馬麻不能陪你，可是會在外面等你呀！」

「今天是Sunday，老師放假了。」

「今天不是Sunday，老師沒有放假耶！」

「可是害怕恐懼還是會來啊！」

「那就要剛強壯膽啊！」

聽到最後一段對話時，媽媽忍不住偷笑：原來你把兒童聖經故事CD裡的內容背得如此滾瓜爛熟，還會加油添醋，把平常媽媽教你的話都用上了。

遲鈍的媽媽，只覺得你很寶，可以自己改編台詞演「脫口秀」。直等到下了車，送你去playground時，你說要先去上廁所，當我在門口等時才發現，你頭低低地在揉眼睛。原來，你在偷哭。

媽媽現在才明白，剛剛在車上的那一段，原來是你的「真情告白」，你是這樣努力的想調整自己的心情，想讓自己開心地去上學。

媽媽真的好粗心，一點也沒有察覺你的心思。總以為都已經開學好幾天了，暑假也上過了暑期班，你應該沒問題了。想不到，你還是有那麼點「分離的焦慮」，你的星期一，還是帶有點……淡淡的藍色。

媽媽蹲下身來摟著你。你將頭靠在媽媽肩上，雙手抱得緊緊地。你沒有開口說：「馬麻不要走。」如果是這樣，媽媽真的是會柔腸寸斷耶。

你只是哽咽地說：「馬麻在外面等我。下課要買Sorbetto（雪酪冰淇淋）給我唷！」媽媽聽了心裡一陣酸，連忙答應：「沒問題，馬麻一定買Sorbetto在外面等你！」

於是你鬆開媽媽，臉上露出了笑容，蹦蹦跳跳地轉身離去。

走了兩、三步，又回頭向媽媽揮揮手：「馬麻掰掰！」

在爬好漢坡的路上，媽媽腦海裡一直浮現你早上的情景。

媽媽不曉得你為什麼又有了Monday Blue？是因為昨晚沒睡飽？是因為換了新教室、新老師？還是因為你只是想撒嬌？

或許是媽媽「不當小孩」已經很久了，媽媽有時會粗心地忽略，小朋友也有小朋友的煩惱與憂慮；總是以大人的角度來看上學這件事：「上學就上學啊！沒什麼大不了的。」「上preschool就是在吃喝玩耍，這麼好康的事有什麼好緊張？」「都已經上了一個暑假了，應該上軌道了吧！」

也或許，媽媽是以自己孩童時的經驗來看待你的情形。媽媽從小就很喜歡去上學。三歲多時就吵著要跟鄰居的小孩一起去念幼稚園。才三歲的媽媽不肯念小班，一定要跟著人家念大班。頭一天下課阿嬤來接媽媽，媽媽還賴著不走，非要老師保證明天還讓我來念大班才肯離開。

小時候媽媽上學，沒有經驗過什麼「分離的焦慮」，在學校也一直如魚得水、適應得很好。可能就是因為這樣，媽媽心目中，也期待你會跟媽媽一樣，每天開心地去上學吧？

阿米兒，媽媽犯了一個錯誤：我的孩子不是我小時候的翻版，他有自己的模式。我的孩子也不一定跟隨我的腳步，他有自己的速度。

媽媽有時不覺把自己當成了陶匠，以為可以隨心所欲的將你塑造成自己的形象——其實，上帝不是要父母成為陶匠，我們實在也沒有這個能耐，祂要我們扮演的，應該是園丁的角色。

當一顆種子交到我們手中時，我們鬆土、我們栽種、我們澆灌、我們施肥，我們替它預備一個適合生存的環境，並細心的除掉雜草害蟲，努力盡一個園丁的本分，但是，無論再怎麼盡心盡力，這顆種子什麼時候會開出什麼花、結出多少果子，卻不是我們可以決定的。

在爬好漢坡時，媽媽遇到了一位老爺爺在整理花圃。媽媽想到了愛花兒的你，忍不住向老爺爺要了一些雛菊。其實這些雛菊應該算是雜草吧？老爺爺說它們長得好快，一下子就蔓延到路旁，但就算是堅強的野雛菊，也是需要陽光與水的滋潤吧——媽媽並不想放大或誇張你今早的「藍色星期一事件」，畢竟，媽媽知道自己種的，絕不是一顆草莓，但是媽媽卻因此反省，媽媽這位園丁，給予你的鼓勵與肯定是不是足夠。

很多時候，孩子的「理所當然」、「水到渠成」其實背後有著他們的努力與堅持——媽媽覺得你今早的表現真的很勇敢。其實，不要說是小孩子了，我們大人上班，有時候也會有Monday Blue。可是你克服了它，勇敢的進教室了，媽媽真的以你為榮。

或許這件小事你早已忘記了，可是媽媽還是想把它記下來，你曾經是這麼勇敢的面對人生中的一個挑戰；在你上學的初體驗裡，你又成功的克服了一次分離的焦慮。媽媽為你鼓掌，做得好，阿米兒。

媽媽寫於九月的一個星期一早晨

阿米兒愛寫錯字？

在他的觀念裡，寫作業是件很開心的事，不是說他不懂答案，只是不覺得需要照規矩來行。這樣單純的學習態度，對還有很長的路要走的孩子來說，其實也未嘗不值得鼓勵。

前陣子阿米兒曾因為寫功課與媽媽演出〈寫功課是門大學問〉的戲碼。在經過一番調適與努力後，阿米兒漸漸學會了不那麼龜毛；面對寫錯字或是寫不好的時候，也不會那麼毛躁地發脾氣。

可是呢，所謂的「物極必反」，這位小朋友居然愛上寫錯字。原因就出在一塊橡皮擦上。

開學時，老師送給小朋友的八樣見面禮中，有一樣是一個小巧可愛的橡皮擦，上面有黃藍雙色的漩渦花紋，恰恰是阿米兒最愛的陀螺玩具樣式。

老師的用意是告訴小朋友：「我們每個人都會不小心犯錯，不過沒關係，我們可以從中學習。」阿米兒對老師的用心似懂非懂，對這塊橡皮擦倒是情有獨鍾、愛不釋手。沒多久，我發現阿米兒每次寫功課時，就把這塊橡皮擦端正地擺在旁邊，然後拿起鉛筆，一筆一劃地開始寫作業。一會兒突然：「喔喔！寫錯啦！」接著就喜孜孜地拿起橡皮擦使勁地擦了起來。

只見他把錯字擦得一乾二淨，心滿意足地放下橡皮擦，繼續寫作業。寫不到兩個字，又「喔喔！寫錯啦！」然後再拿起橡皮擦猛擦……如此這般地寫了又擦、擦了又寫，弄到桌上全是橡皮擦的屑屑。

「欸……阿米兒呀！那個橡皮擦是你不小心寫錯時用的，你這樣故意寫錯字是不是有點太超過啊？」我看不下去。

只見阿米兒笑咪咪地說：「我喜歡寫錯字！」面對這位愛寫錯字，嚴格來說，應該是愛用橡皮擦的小朋友，媽媽我真是哭笑不得。

除了愛寫錯字之外，這位小朋友還喜歡把創意發揮在「亂寫功課」上。

這陣子，阿米兒在「著色」方面有很大的進步。以前老是亂塗一氣，交差了事，現在則是會仔細地上色，而且還會精挑細選好幾種顏色來搭配。可是因為太愛著色了，這小子開始不按牌理出牌。

「阿米兒，F開頭的圖有哪些？」我指著作業紙問。

「有Fish、Fork、Flower，還有Frog！」阿米兒馬上回答。

「很好！現在呀，你把那些F開頭的圖圈起來後塗上顏色。」我說。

幾分鐘後我回來檢查。一看，不得了了，怎麼所有的圖案都上色了？

「阿米兒，這個是什麼？」我指著其中的sun太陽圖案。

「Sun呀！S is for Sun!」他大聲地說。

「不是說F開頭的才要塗顏色嗎？這個sun又不是F開頭的。」我沒好氣地問。

「可是我有畫圈圈呀！」這小子得意洋洋地說。

大近視的我仔細湊上去一看，所有不管是不是F開頭的圖案，他全圈起來，媽媽不是說圈起來的要上色嗎？真的是要昏倒了。有這種自己定規矩的作業寫法嗎？

靜下心想想，阿米兒真的「喜歡寫作業」，至少這是個好的開始。只是，這小子對「作業要好好寫」的概念好像不太清楚。

他現在是真的做到「享受過程，不問結果」，無論是寫錯字也好，原本覺得是苦差事的著色也好，都能歡喜以對。這不就是當初我希望他學會的態度嗎？

不過，作業是要交出去的，以後，還得打分數。這樣隨性的寫功課，會不會讓他養成隨便的態度啊？

轉念一想，目前阿米兒還沒有被所謂的好成績、優秀的作業、出色的表現……這些學習的標準（或迷思？）所制約（或是污染？）。在他的觀念裡，寫作業是件很開心的事，不是說他不懂答案，只是不覺得需要照規矩來行。這樣單純的學習態度，對還有很長的路要走的孩子來說，其實也未嘗不值得鼓勵。

跟先生談了這問題，先生輕鬆地說：「簡單，以後發回來的作業就多複印幾張。一張要他好好寫帶去學校交，其他的就隨便他發揮，愛怎麼寫就怎麼寫囉！」

呵呵，我怎麼就沒想到這個主意呢？看來媽媽有時反而是那個會鑽牛角尖的人哩。還有，那個寶貝橡皮擦已經擦得剩一小塊了，看來我得去問問老師，哪裡可以買到那種有漩渦紋的橡皮擦才好。

正面積極的管教

與其跟孩子說：「不要跑！」不如直接告訴他：「用走的！」與其對孩子說：「玩具不要亂丟。」不如直接跟他說：「請把玩具收好。」這就是所謂的「正面積極的管教」。

有一回參加教會辦的親子講座，主講人帶大家做了一個挺有意思的遊戲：Don't vs. Do。

大家專心聽主講人的指令。頭一回合的所有指令，都是以「不要」開頭，「不要坐下！」「不要把手放下！」「不要張開眼睛！」「不要閉嘴巴！」……

接著第二回合，主講人的指令改為「站起來！」「把手舉高！」「閉上眼睛！」「張開嘴巴！」……

在第一回合的遊戲中，很多人都不小心弄混了指令，不然就是反應慢半拍，鬧出了不少笑話。第二回合就簡單多了，幾乎每個人都能很快的做出正確的動作。

之後，主講人問大家：「對這兩回合的遊戲，有什麼心得呢？」

其實，兩回合的指令，所要求的動作都是一樣的。只是第一回合都是以「不要」為開始，也就是說，聽從的人，必須先「停止」動作A，才能去做動作B，而第二回合的指令卻是簡單而正面的，聽從的人只要直接去做動作B就行了。

「我們回想一下，剛剛在第一回合中，是不是覺得有點混亂、困惑？而且反應得也比較慢呢？」主講人問。

「相對地，第二回合的指令，就顯得輕鬆容易、簡單明瞭多了。如果類似的情況用在教養兒女上，是不是也會有相同的結果發生？這就是Don't vs. Do的管教方式。」

與其跟孩子說：「不要跑！」不如直接告訴他：「用走的！」

與其對孩子說：「玩具不要亂丟。」不如直接跟他說：「請把玩具收好。」

這就是所謂的「正面積極的管教」。

如果我們只著眼在負面的行為，只是以矯正為出發點，那我們只是達到了「制止」的消極目的，但卻沒有真正收到「導正」的積極效果。這樣的管教方式，只做對了一半：孩子不做「不該做的事」，卻沒有學到什麼是「該做的事」。

「真不容易耶！」不少媽媽暗自嘆道。

的確，我回想自己的管教方式，特別是阿米兒還是小小孩時，很多時候看他快闖禍時，我的第一個反應就是「不可以！」「不要！」「不行喔！」

當然，在某些危急的情況下，這是無可厚非的，但我不知不覺中，也犯了以「停止負面動作為終極目標」的毛病，而忽略了讓孩子從中學習的正面性。

最後，主講人再次強調，所謂「正面積極的管教」不是一般人想的「不罵不罰、對惡行睜一隻眼閉一隻眼」的態度，那只是過度溺愛與縱容。

真正的「正面積極的管教」，是一種心態上的調整，根本點是要先從自己做起。當我們自己的言行有了正面積極的導向，我們才能真正成為孩子學習的榜樣。

看來，我真的要好好練習「不要常常說不要」了呢！

分享日

我相信，對阿米兒來說，今天的分享日，一定在他心裡留下一個深刻難忘的印記。

一個父親能給孩子的禮物中，有什麼比爸爸的同在更寶貴的呢？

阿米兒班上每週有一次的「分享日」（sharing day）。小朋友一週學一個字母，等到週五的時候就帶那個字母開頭的東西去學校分享。例如這週教的字母是D，小朋友回家就要想想有什麼東西的名稱是D開頭的，好在分享日的時候帶去學校「獻寶」。

「阿米兒，有什麼東西的名字是D開頭的呢？」我問他。

「dinosaur、dog、dish、duck，還有doughnut……」阿米兒歪著頭想了想。

接著，阿米兒又想起來：「Daddy也是D開頭耶！」他興奮地說。「那我可以帶把拔去學校share嗎？」

「欸……D is for daddy是沒錯。只是，把拔不是玩具耶。這樣可以帶去學校嗎？」我說。

隔天我們去學校問老師：「可以帶『不是東西』的daddy來學校分享嗎？」

老師聽了大笑：「當然可以啊！這是很棒的主意呢！」於是阿米兒跟爸爸約好了，星期五的分享日要來學校喔！

小朋友週五的分享時間是在放學前的二十分鐘。我和先生老早就躲在教室外偷看，只見阿米兒不住地往門口的地方瞧：「把拔來了嗎？」

好不容易等到了分享時間，小朋友各自到自己的小櫃子去拿玩具。我和先生開門進去，阿米兒看到把拔來了，開心地又蹦又跳。

老師第一個就請阿米兒上來。阿米兒一手拿著字母D，一手拉著把拔，笑咪咪地走上前。老師問：「阿米兒，你今天要分享的是什麼呢？」

「D is for daddy!」阿米兒中氣十足地回答。

「喔，原來這是阿米兒的爸爸。讓我們跟阿米兒的爸爸打招呼吧！」老師笑著說。

於是底下的小朋友紛紛熱情地跟先生揮手：「嗨！」

先生親切地回禮：「大家好，我是阿米兒的爸爸。」

小朋友大概都是頭一回碰到有人帶「真人」來分享，一個個瞪大了眼睛，羨慕得不得了。還有小孩直說：「好酷唷！」

老師說小朋友可以問問題，於是一個小孩舉手：「你是做什麼的？」

「我是律師。」先生說：「你們知道律師是做什麼的嗎？」

一個小男生搶著回答：「我知道，我知道，律師就是幫忙把人從監獄裡放出來的人。」

老師噗嗤一笑：「律師的工作有很多種，這只是其中一項。不過，要當律師就要很會寫東西，也要很會說話，所以如果你想當律師，就要多讀書才行。」

小朋友紛紛點頭，阿米兒在旁聽得似懂非懂，不過臉上一直洋溢著得意的表情，嘴巴笑得闔不攏。

時間到了，先生跟小朋友說掰掰，其中一個小孩問：「我可以跟阿米兒的爸爸握手嗎？」於是其他小朋友也紛紛要求握握手，有的還要擊掌（High Five）。老爺一路走過跟小朋友握手擊掌，還真像是明星與粉絲開歌迷會。

在大家熱烈的掌聲中，阿米兒與爸爸下台一鞠躬。阿米兒笑得像朵盛開的花。回家的路上，他牽著爸爸的手，頭抬得高高地，像隻神氣的孔雀。

「D is for daddy!」我想，對阿米兒來說，這一定是最難忘，也最精采的一次分享日吧！

後記：

今天在教室後面看他們父子「獻寶」的我，心裡也很感動。

我相信，對阿米兒來說，今天的分享日，一定在他心裡留下一個深刻難忘的印記。一個父親能給孩子的禮物中，有什麼比爸爸的同在更寶貴的呢？

先生的童年裡，有好長的一段時間，是沒有父親在身邊的。當年公公為了家計，不得不遠渡重洋到國外工作。先生有十一年的時間沒有見到自己的爸爸。雖然知道爸爸是不得已的，但是對一個孩子來說，看到別人都有爸爸陪、有爸爸在，是多麼讓人羨慕的一件事啊！

整整十一年的時間，父親的形象只能在照片中尋得。對一個孩子來說，爸爸只是越洋電話裡的聲音、航空郵件裡的筆跡，這樣的爸爸，既熟悉又陌生。而人的一生，又有幾個十一年呢？在成長的過程中，雖然知道大人有苦衷，也學習去體諒，但那種「如果當時我爸爸在就好了」的心情，縱使在長大成人後仍會覺得遺憾委屈。

或許是因為童年的切身之痛，先生在自己當了父親後，就立下心願，要當一個「不缺席的爸爸」。

我覺得，對父親來說，要做到在孩子的成長過程中不缺席，的確比母親要來得不容易。畢竟在現實生活中，很多時候，爸爸是那個必須要上班、無奈得加班的人，但也就是因為不容易，爸爸的努力，才顯得珍貴；爸爸的承諾，才顯得寶貴。

當孩子獨自面對挑戰

這也算是一種信心的考驗。
對孩子來說，他必須要有信心，相信表演會結束，媽媽會來接他。
而對媽媽來說，她也必須相信，自己的孩子夠勇敢，可以撐過整場表演。

阿米兒學校在春季舉行了一場演唱會，也算是小朋友送給媽媽的母親節禮物。
據說小朋友好久前就開始練唱了，每一班要表演一段童謠或童詩，再唱一首歌。阿米兒班上的節目是用法語唸一段九大行星的名稱，然後再唱一首詩歌〈Hooray for the World〉。

這陣子每次下課，就聽阿米兒哼個不停，不然就是扳著手指頭又數唸：「Mercury、Venus、Earth、Mars……」

老實說，我心裡對這場盛大的音樂會有點七上八下。不曉得為什麼，阿米兒從小就不怎麼喜歡這種熱鬧的場面。以前在教會兒童主日學，碰到上台表演的場合，他都很不合作，甚至還會怯場大哭。這會兒全校師生加上親朋好友都來捧場，禮堂少說也有五百個人——阿米兒會乖乖上台表演嗎？

果然，我的擔心成真了。

阿米兒班上是第四隊上場的，只見小朋友魚貫上台，當中就他一個人用手指頭塞著耳朵。

我一看他這「標準姿勢」，就知道「大事不妙」了。阿米兒只要對環境沒有安全感，或是覺得太吵讓他心慌時，就會用手塞住耳朵。果然，從頭到尾他都保持同一個姿勢，眉頭皺皺，嘴巴扁扁，眼睛看著地上，一副要哭要哭的樣子。

好不容易小朋友又唱又跳表演完畢，在謝幕鞠躬前，家長可以到台前去照相。一堆家長蜂擁而上，鎂光燈閃個不停。我明明就坐得很近，卻不敢上前去照相，生怕阿米兒在上面認出我來會嚎啕大哭，只能眼巴巴地看著其他小朋友興高采烈地讓爸媽照相，自己的兒子手摀著耳朵，哭喪著臉。

表演完的班級並不是馬上下台，而是坐到舞台後上方的詩班席；因為等下結束時會來個全體大合唱。阿米兒跟著大家坐到上頭去，這下可好了，「居高臨下」地看著黑壓壓的人群，全是不認識的面孔，再加上如雷的掌聲，阿米兒開始抽抽噎噎地啜泣起來。

本來他是坐在走道旁邊的，可是他哭個不停，就給換到老師旁邊，在靠近中央的位置，因此在台下的我很容易就看到這明顯的目標：一個哭哭啼啼的小孩。

看兒子這樣，真的很心疼啊！只是，這孩子也真是「奇葩一朵」了。全校兩百多個孩子上台，就連比他小的三歲班孩子都沒有人哭鬧，唯獨就我們家這隻，從頭到尾哭喪著一張臉，手指頭離不開耳朵。先生和我都不是那種會怯場怕生的人，怎麼這個孩子就這麼敏感呢？

老師也是有安慰他，只是這麼多小孩，也不可能就單單去照顧他，把他帶離現場。不曉得是不是聽懂老師的話了，阿米兒的手拿開了，只是表情還是很委屈。好不容易到了要大合唱，阿米兒也跟著站起來，只是台上台下一起唱和時，他還是忍不住扁嘴哭了。看在媽媽心裡，真的是好不忍哪！

大家鼓掌謝幕，全場歡樂氣氛飆到最高點，而媽媽我的心，也揪到最緊處了。

校長一一點名每個班級老師的名字，輪到的班級家長才可以上前去領小孩。終於等到阿米兒的班了，我連忙衝上台去。阿米兒一看到我就撲進我懷裡大哭。我緊緊地抱住他，眼睛也濕濕的。

阿米兒抽抽噎噎地跟我說：「人太多了！太大聲了！我不要表演了！」

我忍住眼淚，跟他說：「阿米兒，媽媽覺得你今晚很棒喔！因為你有堅持到底，雖然你不喜歡人多聲音大，可是你還是很勇敢地留在台上，跟所有的小朋友一起等到最後。媽媽覺得你真的很棒！」

阿米兒慢慢平復了情緒，他接過隨行阿姨送的泰迪熊。臉上雖有淚痕，卻露出了笑容。他蹦蹦跳跳地走出大禮堂，一路跟同學熱情地打招呼。小孩情緒轉換得還真快。

雖然阿米兒這回「意料中的脫序演出」，讓做媽的我感到心疼，也有點無奈，但是轉念一想，**這或許就是成長。孩子總會有獨自面對挑戰的時刻**。

媽媽在台下再怎麼心疼，在那個時候，也是愛莫能助，但我想，這也算是一種信心的考驗。

對孩子來說，他必須要有信心，相信表演會結束，媽媽會來接他。

而對媽媽來說，她也必須相信，自己的孩子夠勇敢，可以撐過整場表演。

我深信，當我們接受一次又一次的挑戰，我們在人生舞台上的演出終將變得更加老練，膽量也會慢慢培養出來。終有一天，我們都可以自在地接受台下的熱烈掌聲，神采飛揚地揮手致謝。

老師的八樣見面禮

「記得喲，你是最棒的。老師何其有幸，能有你在我們班上。我們愛你！」在紙條末老師這樣寫。

阿米兒的新老師在開學頭一天，送給每個孩子一小袋禮物，還附上一張紙條，上面寫著：這不單只是一袋豐富的禮物，裡面還裝滿了好多好多的愛唷。所以請在拆禮物的同時，也讓爸爸或媽媽唸一下紙條上的內容給小朋友聽。

於是老爺和我與阿米兒一起清點禮物，順便解釋老師的心意給他聽。

1.親親巧克力（Chocolate Kiss）：提醒你，你是被愛的。

2.小銅板（Penny）：表示你是特別而且寶貴的。（註：在美國有一種lucky penny的說法，路上發現這種一分錢的硬幣表示好運來了，所以撿到的人都會很寶貝這個

銅板。）

3.貼紙：代表我和你「黏巴達」（stick together），意思是我們相親相愛、彼此幫助。

4.OK繃：老師一定會好好照顧你、疼惜你。

5.鉛筆：我們要一起學習好多好多新事物喔！

6.橡皮擦：我們都有可能犯錯，不過沒關係，我們可以從錯誤中學習。

7.星星獎章：你要盡力發光，努力表現自己最棒的一面。

8.救生圈糖（Life Savers）：當你有需要時，你永遠可以到老師這裡來尋求幫助與安慰。

「記得喲，你是最棒的。老師何其有幸，能有你在我們班上。我們愛你！」在紙條末老師這樣寫。

我和老爺一項一項的跟阿米兒解釋禮物的意義，雖然阿米兒可能聽得一知半解，但我想收到禮物的喜悅，還有老師溫暖的心意，已經滲透到他心靈深處，成為一種學習的祝福。

我覺得老師願意這樣大費周章地預備這些小禮物，可見她的用心與誠意。希望在這新的學期裡，老師小朋友都相處愉快，一起享受學習的樂趣。

科學實驗課

老師真聰明，想了這招來教孩子：別亂把東西扔到馬桶裡。

這學期，阿米兒的新老師是個滿喜歡讓小朋友動手做實驗的「科學型老師」。

開學頭一週，老師就在教室一進門的地方擺了三個燒杯。三個杯子都盛了水，第一個裡面放了一團廁所用的衛生紙，第二個裡面放了一團廚房用的紙巾，第三個裡面擺了一個玩具球。

我好奇的問老師這三個杯子是什麼意思。

老師笑著說：「這三個杯子裡只有衛生紙會慢慢溶解，其他的都不行。」

她向我眨眨眼：「這是教導那些喜歡把有的沒有的東西丟進馬桶的小朋友：除

了衛生紙以外，丟其他東西進去會堵住馬桶。」

原來是這樣。這讓我想起以前聽過很多媽媽朋友說小孩會把各式各樣無奇不有的玩意兒扔到馬桶裡的「實驗」。想不到這年齡的小孩還是有不少有「實驗精神」的。老師真聰明，想了這招來教孩子：別亂把東西扔到馬桶裡。

隔了一週，老師又在櫃子上擺了一樣東西：一盒豆腐。上面還有好多手指印，有的還戳出了小洞。

「因為這週在教身體的構造，剛好今天講的是大腦。這是告訴小朋友，我們頭骨裡面的大腦就跟豆腐一樣柔軟，『摸』起來也差不多。」老師解釋。

回去我興匆匆地跟先生說老師的「豆腐腦」實物教學。結果先生打趣說：「哈哈，這是在暗示學生的腦袋裝的都是豆腐渣嗎？」

真是好冷的笑話。

豆腐渣……有老師這麼認真教學，我相信就是豆腐也可以擦出智慧的火花，變成……豆腐花啦。

阿米兒自創的「遊戲學習法」

這學期阿米兒很明顯地在「說」的方面進步不少，除了在班上願意主動開口之外，在家裡還會用「偽英語」編一大串台詞自導自演。這陣子他的新花樣是「中英對照」。

阿米兒最近愛跟我玩「中英對照」的遊戲。

可能是「開竅」了，這一學期阿米兒的英語程度開始突飛猛進。以前在班上是鴨子聽雷，不然就是會聽不會講，只能比手劃腳地與人溝通。這學期他很明顯地在「說」的方面進步不少，除了在班上願意主動開口之外，在家裡還會用「偽英語」編一大串台詞自導自演。這陣子他的新花樣是「中英對照」。

阿米兒：「馬麻，春天就是……」

媽媽：「Spring!」

阿米兒：「Winter就是……」

媽媽：「冬天！」

阿米兒：「Line up就是……」

媽媽：「排隊。」

阿米兒：「手舉起來就是……」

媽媽：「Raise your hand!」

有時問得太多太快，害我腦筋一下子轉不過來。

阿米兒：「Daddy就是……」

媽媽：「就是爹地。」（呃……這樣直接翻也可以吧？）

阿米兒：「不是啦，是把拔啦！」（不是BaBa才是把拔嗎？這樣翻譯不算「信、達、雅」吧？）

不然就是長長的一串，還得動點腦筋想想才行。

「那『小猴子吱吱叫，肚子餓了不能跳……』呢？」

呃，我覺得再這樣「操」下去，媽媽我都可以來翻譯童書了。

昨天阿米兒又來問：

「馬麻，W的中文是什麼？」阿米兒問。

「W喔？W是英文字母，沒有中文的啦！」我說。

「有啦有啦！W的中文是什麼？」阿米兒一副打破砂鍋問到底的決心。

「W就是搭不溜啦！」被搞得有點煩的我隨口說。

「搭不溜、搭不溜……」阿米兒喃喃自語了幾遍，突然宣布：「搭不溜is for西瓜！」

整句翻成英語就是W is for watermelon!好啦好啦，算你舉一反三很厲害啦！

「那A的中文呢？」這小子還真好學。

但是，A的中文要怎麼拗呀？

結果不等我回答，阿米兒就自己說：「A就是欸欸欸啦！」（模仿阿嬤說台語的口氣。）

害我當場笑出來，這位小朋友不單會玩雙聲帶，連台語都搬出來了，真服了他。

先生聽了有點擔心：「這樣『不搭不七』的亂講，會不會搞混了呀？」

我想是還好啦，這也算是阿米兒自創的「遊戲學習法」嘛。

畢竟小孩跟大人學習語言的方式是不同的，我想久了以後，他的腦袋瓜裡應該就會發展出一套系統，自動把不同的語言辭彙分檔歸類。現在他對轉換中英文興致勃勃，代表他願意學習，也樂在學習，媽媽我就繼續陪他玩下去囉！

只是，有誰可以教教我，其他二十四個英文字母的中文要怎麼說呢？

Part 3
小嫩芽的農夫課

小嫩芽的農夫課（一）

小朋友拿著彩色的鋤頭認真的鬆土，有些孩子不太能拿捏力道，泥土都濺到褲管鞋子上了。

阿米兒把鬆土當成「挖土」，掘出了一個好深的洞；我笑著說：「阿米兒，你是小狗挖洞藏骨頭嗎？」

今天一改上週的寒涼冷濕，一大早就陽光普照。這樣好風好日的天氣，最適合下田種菜了。

阿米兒從這週起，有六個禮拜一要捲起褲管來當農夫。我們報名了Kidspace Children's Museum的「小嫩芽園藝俱樂部」（Little Sprouts Garden Club），準備親自下田體會泥土的芬芳，經驗一下大自然生長的神奇，享受辛勤耕耘與歡呼收割的喜樂。

「小嫩芽」是專門為三至四歲的小朋友設計的課。每週一次，一次共有一個半鐘頭。

老師在上課前就會通知家長，要幫孩子們預備「農夫行頭」：讓小朋友穿不怕磨、不怕髒的衣服來上課，要體會泥土的芬芳，就不要怕弄髒自己的衣服；準備小水壺。如果天熱還要準備遮陽帽、太陽眼鏡、擦防曬油……阿米兒戴上小草帽，還有酷酷墨鏡，穿上深色卡其褲，嗯，還挺像一回事的。

這期的課程有六個小朋友參加，由兩位老師帶領，再加上媽媽們的陪同，大夥興奮地出發囉！

我們的教室就在戶外，整個小山坡都是我們上課的環境。

首先是故事時間，小朋友圍坐在樹幹做的小凳子上聽老師講故事，今天講的是秋天葉子的故事。秋天是色彩豐富的季節，光落葉就像是打翻了的調色盤一樣，有著千變萬化的顏色。**老師簡單的解釋為什麼秋天到了，樹葉會變色、會凋落，也請小朋友在四周找找看，有沒有發現秋天的落葉，然後大夥一塊兒用腳踩踩滿地落**

葉：「聽聽秋天的聲音！」

接下來大家一起做勞作。今天我們用冰棒棍子、枯藤、破布來做稻草人。秋天也是豐收的季節，這些稻草人可是「身懷重任」喔！它們肩負著田園守衛的角色，要幫小農夫看守菜蔬、嚇跑貪吃的鳥兒呢！

然後老師帶著小朋友到處逛，今天的「散步主題」是「從種子到種子」。老師向小朋友介紹，一株植物是如何由一粒種子開始，然後生根發芽、長莖長葉、開花結果，然後又結出子粒來。

老師撿起地上散落的橡實，告訴小朋友：「這樣一粒小小的種子，居然可以長成好大好高的一棵樹，是不是很奇妙呢？」有的小朋友問：「我們今天要種橡實嗎？」

山坡上到處是活生生的教材，大家隨意駐足都可以發現好多有趣的事物。老師的百寶背囊裡也有好多道具。老師從背包裡取出了各種蔬菜，請大家來猜猜，這些植物不同的部位有什麼作用呢？哪些部位可以吃呢？除了根莖葉之外，有沒有人吃花呢？

接下來可是「重頭戲」了。小朋友等了好久，終於要親自下田。小嫩芽的學生有一塊自己的地，上面插了「小嫩芽俱樂部」的牌子。

老師發給孩子們一人一付手套，開始整地囉！我們要把那些會攔阻植物生長的石頭、雜物給挪走，這樣小嫩芽才伸得出頭來啊！（老師故意放幾塊很明顯的石頭、木條在上面讓孩子撿——其實這塊地早已經事先大略整理過了。）

再來要用鋤頭鬆土，把泥巴翻轉過來，讓空氣與養分還有陽光來滋潤，這樣作物才會長得好唷。小朋友拿著彩色的鋤頭認真的鬆土，有些孩子不太能拿捏力道，泥土都濺到褲管鞋子上了。

阿米兒把鬆土當成「挖土」，掘出了一個好深的洞，我笑著說：「阿米兒，你是小狗挖洞藏骨頭嗎？」

小朋友努力地鬆土整地後，來杯點心慰勞一下吧！吃什麼？當然是蔬菜湯。裡面有各種蔬菜，全是老師剛剛教過的：有根（紅蘿蔔）、莖（芹菜）、葉（包心菜）、花（花椰菜）、種子（玉米）……大自然的植物果真全身是寶呢！

小朋友津津有味地吃著蔬菜湯。一些小朋友其實平常不怎麼愛吃蔬菜，可是這杯蔬菜湯卻是人人意猶未盡，直嚷著：「好好吃，好好吃。」媽媽們笑說老師是不是放了什麼特殊祕方在裡面，怎麼孩子全愛上吃蔬菜了？

下週一回來時，就要準備撒種了。阿米兒很有成就感的看著自己整好的地，興奮地說：「我喜歡當農夫。」其實媽媽我也很喜歡這樣的園藝課呢！

其實加州也算是數一數二的農業大州，只是在洛杉磯真正自己種菜的人還是不多吧？至少我就不是什麼綠手指，現在有這個機會跟阿米兒一起下田，母子一同耕耘，一塊經歷從無到有、由播種到收成的樂趣，也是一個難得的體驗呢！

小嫩芽的農夫課（二）

今天講故事時，老師選的故事是毛蟲變蝴蝶的內容。我想，除了給小朋友上了一堂大自然的生物課，了解昆蟲生長的過程之外，也間接教導了孩子：有的時候，我們看到的現象只是暫時的。

今天小農夫們開始「下田」了。

春天是個適合種菜的季節，小農夫們認真地除草耕耘，將泥土鬆軟，之後用小鏟挖個洞，將幼苗栽種到土裡。

老師預備了好多種蔬菜讓小朋友挑選，這時候就看得出誰家的小朋友平時不愛吃青菜。有些孩子一聽到蔬菜的名字就皺眉頭，有的則是興奮地這個也要那個也要。

阿米兒因為英文聽得一知半解，老師拿著菜苗問他要選哪一個時，他每樣都說：「好！」最後我們選了雪豆與小黃瓜的幼苗。

將菜苗栽下後，當然要澆點水囉。老師提來一大桶水，小朋友用可愛的動物造型澆花壺替幼苗灑水。

老師說，澆水也是門學問喔！每株植物都要喝到水，不能一次澆太多，免得淹死了幼苗。小朋友細心地灑水，希望幼苗快快長大喔！

今天的「散步主題」是「毛蟲與蝴蝶」。春天除了植物欣欣向榮，也是蜜蜂與蝴蝶忙碌的時刻。我們到「蝴蝶花園」去參觀。

這區的花兒全是「誘蝶植物」，意思是這些植物的葉子或花兒是毛毛蟲或蝴蝶的最愛。小朋友仔細地在花叢間尋覓，看看有沒有吃葉子的毛蟲或是來採蜜的蝴蝶。

我們也做了蝴蝶勞作。做法很簡易：用色筆在咖啡濾紙上塗上紅藍黃三原色，再噴水上去，這三種顏色暈染開來，會出現綠、橘、紫其他顏色，就是美麗的翅膀，最後再用絨毛鐵線做觸角，就是絢麗繽紛的蝴蝶了。

做完勞作後老師帶著孩子跳蝴蝶舞。小朋友手拿著蝴蝶勞作，跟著老師在園子裡翩翩起舞，笑聲充滿其間。

今天的點心是棉花糖粒毛毛蟲。用棉花糖與竹籤來做毛毛蟲，再用彩色糖漿來裝飾。老實說，我對這個「點心」不太滿意。這種甜死人的點心不太符合農夫課的精神嘛，應該用蔬果像小番茄或小藍莓什麼的來做毛毛蟲不是比較有意義嗎？

小朋友們在做毛毛蟲時，我發現一個挺有趣的現象：有的小孩是一面做一面吃，吃到最後毛蟲「屍骨無存」，甚至嘴巴都染上了五顏六色的糖漿。

有的則是以「藝術創作」的精神來處理他的棉花糖粒。他們聚精會神地串起糖粒，小心翼翼地著色，作品完成後根本捨不得吃。阿米兒是屬於後者，不過我想這可能無關「藝術」，而是他根本不曉得這玩意兒可以吃，這又是媽媽的「愚民政策」啦，我們在家很少吃糖的，所以他根本不認識棉花糖粒。

今天講故事時，老師選的故事是毛蟲變蝴

蝶的內容。我想，除了給小朋友上了一堂大自然的生物課，了解昆蟲生長的過程之外，也間接教導了孩子：有的時候，我們看到的現象只是暫時的。

一隻不起眼，甚至是相貌恐怖的毛毛蟲，也會有變成美麗蝴蝶的一天。我們看人也好，看事情也好，都不應只憑外貌或表象來決定喜好。**身為父母或是教育工作者也一樣，再不可愛的孩子也有他蛻變的潛力存在**。

有的時候就像等待蛹裡的毛蟲變成蝴蝶一樣，我們不能做什麼，因為過度強加的外力反而會讓蛹裡的蝴蝶受傷。唯有存著信心與盼望，耐心地等待，總有看到蝴蝶破繭而出、美麗光華的一天。

小嫩芽的農夫課（三）

這或許也教導孩子，花園裡有美麗的蝴蝶，也有醜陋的蚯蚓，雖然牠們的外表差很多，有的討人喜歡，有的其貌不揚，甚至讓人（媽媽們）害怕，但牠們都有著不可或缺的功用與益處。

今天小農夫課主題是「蟲蟲」，講的是蚯蚓之類，「植物的好朋友」之流的益蟲。**植物要長得好，除了陽光雨水和新鮮空氣之外，肥沃的土壤也很重要。這些躲在泥土裡的益蟲，對植物的生長也功不可沒。**

老師先讓孩子們用小鏟子在菜圃裡挖一挖，有沒有發現蠕蠕而動的小蟲呢？

嗯，可能是今天天氣太熱、太乾了，蟲子都躲起來了，小朋友挖了老半天，只有一、兩個報告說挖到了蟲子。

怎麼辦？沒關係，老師早有「B計畫」。老師預備了一大罐蚯蚓，一般園藝店有販售。一整罐連土倒在油布上，只見一大團蚯蚓蠕蠕而動，小朋友「嘩」地驚喜尖叫。媽媽們則退避三舍，有的已經嚇得臉色發白。

為了公平起見，每個小朋友可以分到一條蚯蚓來觀察，不少媽媽看了全身發毛，一副快昏倒的樣子。滑溜溜細長長的蚯蚓在孩子手中不安分的扭來扭去，孩子們樂得咯咯笑。

這些孩子居然還讓蚯蚓在手背上爬來爬去，看得媽媽我頭皮發麻。有的不小心扯斷了蚯蚓，牠的斷尾依舊動個不停，小朋友看了更是樂不可支：「哇，變成兩條了！」居然還想「多變幾條」出來（可憐的倒楣蚯蚓）。還好被制止了，不然地上一截截短短的蚯蚓扭來扭去，真的很恐怖耶。

阿米兒不怕蚯蚓，他覺得這軟軟又滑滑的小東西很有趣，笑個不停。結果蚯蚓扭啊扭地居然爬到他襪子上，然後就這樣鑽進他褲管裡。

我忍住想把阿米兒倒栽蔥拎起來抖一抖的衝動，用若無其事的口氣對他說：

「阿米兒，蚯蚓迷路了，快把牠拿出來！」（等下回家第一件事就是洗澡、洗衣服。）

老師解釋蚯蚓的功用：吃泥土，拉便便。便便可以替植物補充養分，製造出肥沃的土壤。**園裡有一處可供小朋友攀爬的地方，就是放大的模擬樹根。小朋友假裝自己是蚯蚓，在大樹根上爬來爬去：「當蚯蚓真好玩！」**

對我來說，雖然知道蚯蚓對植物生長很有幫助，是「蔬菜的好朋友」，但要我親手去摸牠，甚至「喜歡上」牠，還真不太可能耶。看這些孩子一點也不覺得蚯蚓可怕，還興致勃勃地放在手上仔細研究，真讓我佩服他們「天真的大膽」。

這或許也間接教導孩子，花園裡有美麗的蝴蝶，也有醜陋的蚯蚓，雖然牠們的外表差很多，有的討人喜歡，有的其貌不揚，甚至讓人（媽媽們）害怕，但牠們都有著不可或缺的功用與益處。有了蚯蚓這默默躲在土底下的功臣，才能開出美麗的花，吸引蝴蝶來駐足呢！

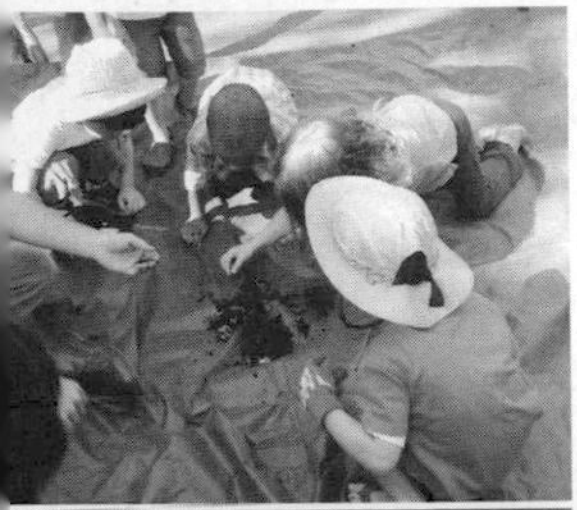

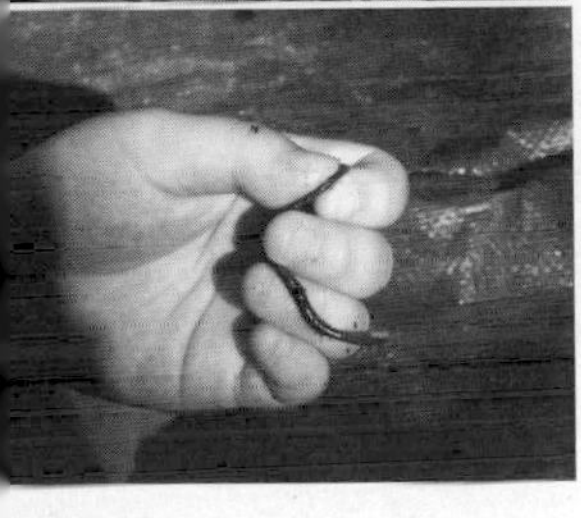

小嫩芽的農夫課（四）

阿米兒很有興趣地生嘗每樣花花草草，想來大自然最真實的原味就足以取悅孩子的味蕾。

今天的主題是「可吃的花草」。小農夫們今天當起「神農氏」，跟著老師在園裡找尋可以食用的香草與花朵。

老師的常識真豐富，他認得好多可吃的花花草草。看老師隨處走，一面順手擰下一段嫩芽、摘掉一片花瓣，或是拔起一截葉尖：「這個可以吃喔！」然後送入口中，我覺得老師真的像是現代神農。

小朋友也跟著老師一路嚐東嚐西。有些香草平常在佐料裡也吃得到，只是都不清楚「原來它是長這樣」！老師教小朋友採下花花草草，待會兒要來做沙拉。沒想到光是一個小小的香草園就足以「辦桌」，來個香草盛宴了呢。

小朋友最開心的，就是發現「原來也有可以吃的花」。像園裡有一叢漂亮的花Tropaeolum majus，又叫Nasturtium（中譯金蓮花）就是可以吃的，不但它的葉子可食，就連花瓣也可以吃。

Nasturtium的顏色很漂亮，有紅的、黃的和橘的。老師讓孩子選一種顏色來嚐嚐。有的孩子「欲罷不能」，跟老師討價還價：「我每種顏色都想吃。」

阿米兒選了朵紅色的花。這麼漂亮的花兒，味道如何呢？阿米兒小小心地咬了一小片，表情有些捉摸不定：「怪怪味道的花兒。」我跟阿米兒要了一小瓣來嚐嚐，有點辛辣的味道，老實講，還真不怎麼好吃哩！

老師也另外預備了些根（甜菜根）、莖（蘆筍、芹菜）、葉（蘿美生菜）、花（花椰菜）、果（蘋果）、種子（南瓜子）類的蔬菜，讓小朋友嚐嚐。

其中有一樣我在家從沒料理過，阿米兒卻吃得津津有味：紅甜菜根。我總覺得這紅紅的玩意兒是用來染色或裝飾的，從來沒想過也可以拿來當食物吃。

阿米兒吃得很過癮，我很驚訝這些蔬菜他居然敢直接生吃。通常我們在家吃的蔬菜都是烹調過的，就連蘆筍也是會先燙一下。阿米兒很有興趣地生嘗每樣花花草草，想來大自然最真實的原味就足以取悅孩子的味蕾，只是我們習慣於加料加工，反而漸漸喪失了那種品嘗返璞歸真的樂趣了。

老師今天也介紹了「肥料箱」給小朋友看。這個箱子裡就放些廚餘或過期、吃剩的蔬果，加上一些泥土與稻草，偶爾噴些水，裡面的蟲蟲就有大餐可享用。這些腐敗的食物可是蟲兒們的美食喔，牠們吃過後就製造出肥料，可以成為種花種菜的上好土壤，這就是大自然的再生與循環。

另外，小農夫們今天又種了一樣蔬菜：馬鈴薯。馬鈴薯在很多西方國家是主食，不單品種很多，顏色也不一樣。

老師預備了黃色、褐色、紫色與紅色的馬鈴薯。

小朋友只要挖個洞，把它埋進土裡就行了，不過，馬鈴薯要收成，據說要三個月的時間，小朋友今天種下的作物，就只好留給下一期的學員們收成囉。

小嫩芽的農夫課（五）

今天的點心，就來嘗嘗蜂蜜的滋味吧！老師帶來了不同花朵釀成的蜂蜜，讓小朋友猜猜是哪種花。

春天百花盛開，也是蜜蜂最忙碌的時節了。這些辛勤的小東西，可是農夫們不可或缺的好幫手，**好多花兒都靠牠來授粉，完成傳宗接代的大事，所以阿米兒的農夫課，今天的主題就是介紹嗡嗡嗡的小蜜蜂**。

老師帶小朋友到園裡的室內科學館參觀蜂巢。牆上鑲嵌著一個罩著玻璃、具體而微的蜂巢，裡頭有蜂后，也有工蜂。玻璃窗裡的蜜蜂可以順著通到屋頂的透明管子飛到室外採蜜，看牠們忙進忙出的樣子，真的好勤勞。

之後我們到館外去。玻璃管直接通上屋頂，據老師說蜜蜂因為繁殖得快，「人」丁興旺，所以可能有分巢的趨勢，這不，已經有一大群蜜蜂聚在上頭了，黑壓壓的一片，好像一朵烏雲。等時機成熟，會有蜜蜂專家來幫牠們另闢新巢，移到別處去。

大概是看到一些媽媽害怕的神色，老師安慰我們說不要怕，這些蜜蜂不會主動攻擊人類。只要不去故意挑釁牠們，牠們採蜜的時間都不夠了，才懶得理我們。

今天的點心，就來嘗嘗蜂蜜的滋味吧！老師帶來了不同花朵釀成的蜂蜜，讓小朋友猜猜是哪種花。

這些花蜜顏色不但不一樣，就連香氣與味道也差很多。老師帶來了五種不同口味的花蜜：有柑橘花蜜、杏花蜜、苜蓿花蜜（Clover）、鼠尾草蜜（Sage）以及焦糖蜂蜜。這些花蜜做成像吸管一樣，剪開一角，就可以放入嘴中吸吮。我個人最喜歡的是柑橘花蜜，淡淡的清香，在唇齒間徘徊，久久不散。

還有晶瑩剔透如黃玉的蜂房，也是可以吃的。老師分給每人一小塊，上面還有白白的蜜蠟呢。蜂房黏稠稠地，一不小心就滴得滿手都是。阿米兒小心翼翼地咬了一小口，我也跟著咬了一口，嗯，甜滋滋的。吃起來有點像是濃濃的凝固糖漿，或者像吃川貝枇杷膏的感覺，那個「凝固」的口感來自蜜蠟，蜜蠟嚼不爛，最後還是得吐出來。滿嘴濃稠的蜂蜜，真是甜到心坎裡了啦。

光是一小滴蜂蜜，就不曉得得花上多少隻蜜蜂忙碌

辛勞的代價。據說近年來因為空氣的污染與過度使用農藥，造成大批的蜜蜂死亡，還有因為地球暖化造成氣候的異變，花兒開得不夠多，蜜蜂採不到或是採不足蜜，已經使蜂蜜的價格提高了好多。

更嚴重的，還是因為蜜蜂大量死亡，許多賴以授粉的植物因此無法結果，長期下來，也會造成農作物歉收，所以一隻小小的蜜蜂，牠與人類的生活竟是如此地息息相關，或許我們不見得天天吃蜂蜜，但我們所需的糧食卻有很多是靠蜜蜂的幫助才能收穫的。

下回在花間看到忙碌的蜜蜂，不要去驚擾牠，反而要好好感謝牠才是呢！

小嫩芽的農夫課（六）

阿米兒春季班農夫課種的番茄，已經成熟了。橘色的小番茄，密密地綴在綠葉間，看起來賞心悅目。

阿米兒很得意，跟新來的小朋友說：「這是我種的喲！」

今天上課的內容是「沙漠植物」。

除了介紹沙漠植物外，老師也教小朋友利用太陽來做水果乾，這是居住在沙漠乾旱地區的人們，保存蔬果的一種方法。我們用紙箱、紗布、黑塑膠袋製作了一個簡易的太陽能烤箱。

阿米兒春季班農夫課種的番茄，已經成熟了。橘色的小番茄，密密地綴在綠葉間，看起來賞心悅目。

阿米兒很得意，跟新來的小朋友說：「這是我種的喲！」老師請小朋友去菜圃摘三個小番茄來做番茄乾，也可以順便先吃一粒嘗鮮。

想不到阿米兒一吃就驚為天人：「原來現摘的番茄這麼美味。」再加上是自己種的，而且顏色又是最愛的橘色，所以阿米兒欲罷不能，說好一人摘三粒，吃一粒的，他居然摘了三粒，呃……然後吃了六粒！

這一吃，吃上癮了，阿米兒連課都不想上了。

老師在講解沙漠植物葉片的特色，他老兄溜到一旁去偷摘番茄吃，不過，他也不覺得自己是「偷」摘的。是我種的，當然我可以吃囉。他一粒一粒地摘，一粒一粒地往嘴裡送，欸，這樣下去，該不會把整株番茄都給吃光了吧！

「阿米兒，不要再吃了！等下還要吃沙漠點心耶！」媽媽我對他「動之以情」，想用別的食物引誘他。

「我可以再吃最後一個嗎？」阿米兒「苦苦哀求」。

好吧，看在你種番茄很辛苦的分上，就再讓你享受一下自己栽種的果實吧！

阿米兒不曉得是「孝心發作」，還是想拉我當「共犯」，居然多摘了一個遞給我：「馬麻吃！」

我有點心虛地塞入嘴巴。哇！真的很好吃耶！新鮮多汁不說，因為經過太陽照射，味道更是甜美，而且皮薄薄的，輕輕一咬，番茄汁混著小籽就在嘴裡綻開。真的是會讓人回味無窮、欲罷不能。

除了水果乾，沙漠地區還吃得到一種有趣的果實：仙人掌果。外表看起來像是有刺的馬鈴薯，去刺削皮後，裡面是漂亮的紫紅色。吃起來有點像火龍果，又有點像是奇異果的口感，沒那麼酸就是了，還有無花果也是沙漠民族常吃的水果。

另外，老師還準備了優格醬給小朋友嘗嘗，游牧民族將牛羊乳裝在皮袋裡拴在馬鞍上，一路奔波下來，牛羊乳不停地晃動達到攪拌的功能，就成了優格醬。

除了這些東西，老師還準備了一道「佛拉佛」給小朋友嘗嘗。「佛拉佛」就是Falafel，是中東地區很受歡迎的一種食物；是用磨成粉的鷹嘴豆、麵粉、香料、洋蔥、鹽做成的。把這些材料加水揉成球狀或壓成圓餅狀，炸一下就可以吃了。

Falafel製作方法簡單，又容易攜帶，是許多沙漠旅人或牧人的必備良伴。

下課前，老師帶孩子們去看看早先做的水果乾。可能是日照時間不夠長，所以看起來跟想像中的「乾」有些落差，不過水果因為太陽加溫烘烤，變得有點軟，而且甜分都釋放出來了。

阿米兒嘗了一片番茄乾。「好吃嗎？」我問。

「我想吃樹上的！」阿米兒說。

看來，還是現摘的尚青，自己種的最讚啦！

小嫩芽的農夫課（七）

老師遞給阿米兒一隻炸蟋蟀，他毫不猶豫地送入口裡嚼了起來。

我仔細端詳他的表情：「好吃嗎？」

「還要。」阿米兒伸手，於是再來一條起司蟲，最後乾脆整包拿來吃。

今天農夫課的主題是「菜園裡的蟲」。

小朋友跟著老師在園子裡觀察躲在菜葉間的蟲子。為了配合課程，今天吃的點心是「蟲蟲大餐」。當我聽老師說吃「蟲蟲餐」時，還以為就是像以前一樣，用蔬果做成昆蟲造型的點心。想不到老師神神祕祕地拿出幾包東西：

真……真的……是……蟲耶！

只見包裝得像糖果盒似的紙盒裡，裝了炸蟋蟀與幼蟲，有培根起司口味、椒鹽與醋口味、巧達起司口味，還有BBQ口味。

老師說，這些蟲點心都是來自「蟲蟲農場」的，意思是這些蟲子不是隨便路上抓來的，是經過人工培育，細心照顧，餵食好料的「肉蟲」。**在很多國家，昆蟲是蛋白質的主要來源；不但熱量比一般紅肉低，而且更衛生營養**。

其實，咱們老中也有將昆蟲列入佳餚美食名單中，像炒野蜂蛹、炸蟋蟀、炸竹節蟲不都是嗎？還有炒螞蟻，連蜈蚣也可以入藥。只是，雖然知道可以吃，也應該不難吃，但要克服心理障礙，還是不太容易。

但是「為母則強」嘛，在孩子面前，總得身先士卒，表現得勇敢一點，於是媽媽我挑起一條巧達起司口味的幼蟲，閉上眼睛放入嘴裡。說真的，入口並沒有想像中那蠕蠕而動的恐怖口感，反而嘗起來酥酥的，有點像是油炸花生米。

然後，老師遞給我一隻椒鹽蟋蟀，哇！還真的是六隻腳都還在，於是我再次硬著頭皮放入嘴裡嚼……欸，有點像是炸蝦米，又有點炸洋芋片的味道。

輪到阿米兒了，老實說，他比我勇敢多了，也可能是小孩年紀小，接受度比較高？不然就是因為「年幼無知」，對「吃蟲」沒有什麼恐懼概念。老師遞給他一隻炸蟋蟀，他毫不猶豫地送入口裡嚼了起來。

我仔細端詳他的表情：「好吃嗎？」

「還要。」阿米兒伸手，於是再來一條起司蟲，最後乾脆整包拿來吃。

其他家長有的敬謝不敏，然後拚命鼓勵自己的小孩吃，有的則是吃得津津有味。一個爸爸還說，如果有啤酒來配就更好了。另一個墨西哥裔的媽媽說，在他們國家也常吃昆蟲料理，除了油炸之外，也拿來泡酒。著名的龍舌蘭酒，就有一種瓶底帶蟲的，叫Mezcal。據說瓶裡沉著的那隻蟲很補，有壯陽之效哩。

小朋友嘗過各種口味的蟲蟲後，老師上了一道甜點：螞蟻巧克力。

光看外表跟普通的白巧克力沒什麼兩樣，咬下去，看到裡面的黑點點，才知道那是螞蟻……愛胡思亂想的我，有些好

奇，這螞蟻巧克力會不會招來螞蟻？如果螞蟻來，發現這甜蜜巧克力裡居然藏有「同胞的屍首」，不曉得會不會嚇得魂飛魄散，胃口全無？

就這樣，我們完成了前所未有的蟲蟲大餐初體驗。阿米兒還帶了兩包回家「孝敬」老爸，我就等著看先生回來如何吃下螞蟻巧克力，呵呵。

小嫩芽的農夫課（八）

我這做媽的，對種下去的菜遲遲不發芽，發芽後成長的速度又如此龜慢感到耿耿於懷，這是歐巴桑心理作祟嗎？覺得自己花了心血，播下了菜種，沒有滿載而歸，至少也要拗一、兩根蔥回家嘛！我是多麼期盼看到種下去的東西能開花結果，享受收穫的樂趣啊！

秋季班六星期的農夫課終於要到尾聲了。我們種下去的菜呢？

呃，還在努力中，目前為止只看到了三棵小小的綠芽耶！

為什麼雜草都長得比它們快呢？阿米兒在學校也種了一盆小草，拿到阿公家寄養，不到三天就變得非常茂盛，真是好大的落差。

對阿米兒來說，這六星期的農夫課是精采又好玩；每次都學到好多有趣的知識，也親手製作了各種新鮮有創意的勞作，還品嘗了不同的可口點心。至於種下去的菜長不長得出來，他好像沒那麼在意，就是每次都很認真地替它們澆水就是了。

倒是我這做媽的，對種下去的菜遲遲不發芽，發芽後成長的速度又如此龜慢感到耿耿於懷，這是歐巴桑心理作祟嗎？覺得自己花了心血，播下了菜種，沒有滿載而歸，至少也要拗一、兩根蔥回家嘛！我是多麼期盼看到種下去的東西能開花結果，享受收穫的樂趣啊！

或許，這也是為人母的一種迷思吧？總覺得自己付出了這樣這樣，所以也應該有那樣那樣的回收。如果成果與自己預期的不一樣，就會覺得好失望，甚至感到挫折。「我是這樣努力，預備了最肥沃的土壤、提供最好的環境，每天細心的澆水、認真的除蟲……結果你是這樣回報我？這樣的成果能看嗎？」

其實，真正的農夫都知道，「要怎麼收穫，先那麼栽」這句話不見得是百分之

百正確。你撒下了一百粒種子，不見得就會得到一百分的回收。收成好不好，還得看是不是有天時地利人和來配合。就是因為好年冬與歹年冬都有可能經歷到，才會讓下田的人在豐收時更懂得謝天感恩。

農作物如此，養兒育女不更是如此？**生命成長的過程裡有著太多的變數，哪有父母能做到真正的面面俱到？不過是盡力在自己的能力所及處，忠心當個好園丁罷了。**

想通了，也就釋懷了。雖然只有指甲大小的嫩芽冒出來，但只要它的根還在，終有長大的一天。

可愛的小嫩芽加油，希望過完冬天，明年開春時，能看到你欣欣向榮，綠意滿園唷！（註：小嫩芽冬季不開課，得等到明年再報名春季班。）

小嫩芽的農夫課（九）

小朋友埋入了六個紙花盆，目前只看到這兩小棵冒出芽來。

還真是不容易，真是名副其實的「小」嫩芽。其中一位眼花的媽媽還問：「那是嫩芽唷？我還以為是雜草。」

「哇，終於長出來啦！」小朋友千盼萬盼，終於等到種下的菜籽發芽了。小朋友埋入了六個紙花盆，目前只看到這兩小棵冒出芽來。還真是不容易，真是名副其實的「小」嫩芽。其中一位眼花的媽媽還問：「那是嫩芽唷？我還以為是雜草。」

只要生命力還在，陽光充足、水分足夠，小嫩芽總有一天會變高變壯的。小朋友對他們種的植物很有信心，他們愛憐的替這些嬌客灑水，一面鼓勵它們：「加油，我們會等你長高唷！」

既然水對植物這麼重要，那今天就來聊聊水的故事。

老師簡單的介紹一下水的三種型態：液體、氣體、固體。液體是我們最常見的，結凍後變成冰塊就是固體；氣體一般是看不見的，不過當它大量聚集在一起時，我們還是看得到，天上的雲朵兒就是唷！這時一個聰明的小朋友說：「還有保濕機冒出來的水氣也是。」另一個小孩說：「泡熱水澡時也可以看到白白的霧。」哇，這些孩子還真能舉一反三。

老師發給孩子們一人一枝水彩筆，讓他們沾水在地上作畫。這些圖案一會兒就消失了，為什麼呢？因為太陽一曬，就蒸發掉，就成了看不見的氣體。雖然看似不見了，但實際上它們還是存在的。一個反應特快的孩子馬上接著說：「就像萬聖節的幽靈一樣。」害得老師一時不曉得要怎麼回答。

接下來移到桌上來創作。先用蠟筆在紙上畫出線條圖案，再用水彩塗上顏色，原本淺淺的線條很明顯的浮現出來，這是因為水與油（蠟筆裡也有油的成分）不相溶的緣故。

小朋友興味十足地作畫。他們說這是「祕密訊息」（secret message），要塗上水彩才能看得到。有的孩子說他畫的是藏寶圖，上了色後就可以看到藏寶地點。

既然今天都是與水有關的主題，所以點心時間也來些飲料喝吧！我們今天要自製檸檬水。用玻璃搾汁器擠出檸檬汁，加入水再攪入白糖就行了。嗯，好好喝唷！剛好阿米兒昨天有些鼻塞，多喝點檸檬水補充一下維他命C吧。

今天的故事也很有意思《Cloudy With a Chance of Meatballs》。這是一本關於天氣的書：只是這個小鎮的天氣跟一般地區不一樣，雨天時天上落下的不是雨水，是果汁與濃湯，冬天還會下馬鈴薯泥雪，還有許許多多好吃的食物照三餐從天而降。居民只要看氣象報告，就可以知道隔天早餐要吃什麼，名副其實的「靠天吃飯」。結果有天，來了龍捲風，甚至還淹大水，美食氾濫成災，大家該怎麼辦才好呢？

很有趣的一本書，看得我飢腸轆轆（註，這本書在二〇〇九年時在美國改拍成電影《食破天驚》。很受孩子歡迎！）大自然真是奧妙，雖然在現實生活裡，天空不會掉下免費的午餐，不過人們只要在大地上辛勤地耕耘，一樣可以餬口填飽肚子。

上天如此豐富地賜予萬物生養所需，我們是不是更該好好珍惜大自然的資源、好好愛護地球呢？

小嫩芽的農夫課（十）

回想第一季上課的時候，阿米兒連馬鈴薯是長在土裡都不曉得，現在已經是很有經驗的「農夫」啦。

在超市看到各種蔬果時，還會「賣弄」一下所學：「花椰菜就是吃它的花！」

阿米兒的農夫課要畢業了。

上了一年的農夫課，種了一年的菜，也嘗了一年新鮮的蔬果，小農夫終於要「退休」。

這門農夫課其實是給三、四歲的小朋友上的，這一季五月底報名時，阿米兒已經快滿五歲了，算是有點超齡，所以這季上完，我們就不再繼續了。想想還有點依依不捨呢！

上農夫課除了有機會接觸大自然，體驗田園樂趣之外，最棒的就是小朋友變得不挑食，願意嘗試各種蔬果，果然自己種的吃起來特別香啊！

回想第一季上課的時候，阿米兒連馬鈴薯是長在土裡都不曉得，現在已經是很有經驗的「農夫」啦。在超市看到各種蔬果時，還會「賣弄」一下所學：「花椰菜就是吃它的花！」

而且上了課之後，從此路邊看到的植物，也不僅僅只是「草」而已了。它們有自己的形狀、味道、功效，都是大自然獨一無二的贈予。說真的，當初要不是插上了牌子，還真容易就忽略它們，把它們當成是平凡的小草，然後就粗心的一腳踩下去。

想像當初神農氏嘗百草，親自去觸摸、聞嗅、品嘗每種植物，當然這需要很大的勇氣，一個很強的胃，還有百毒不侵的運氣。那種每天都有新發現的欣喜，一定讓他覺得大自然真是太神奇了。

這些毫不起眼的小草各有它獨特的香氣與功效；它們曾在人們的生活中佔有很重要的地位。有的增加食物的香氣、有的舒緩了疾病、有的可以製造泡沫……現在流行回歸自然有機的生活，這些被人忽視好久的「雜草」突然又行情看漲，甚至給人嬌貴的養在小盆子裡高價出售。

其實，草兒也好、花兒也好，它們的存在都是上天的賜予，在人們發現它們的美麗、功用與價值之前，它們就已經在那裡了。它們靜靜地在路旁、在樹下、在池邊等候，等候一顆好奇的心。這顆心會讓一個人願意蹲下來，彎身去親近看起來平凡的事物，然後發掘裡面的香氣與奇蹟。

生機盎然的菜園裡，有我和阿米兒一起耕耘的身影、一同收成的笑語。我們一起探索美麗的花園，拜訪辛勞工作的蜜蜂與蚯蚓，和漂亮的蝴蝶一同嬉戲，學習挖掘大自然取之不盡的寶藏……下一季，這裡又會有新一批的菜苗與種子開始發芽成長，也會有另一群睜著好奇雙眼的菜鳥小農夫準備經歷「要怎麼收穫，先那麼栽」的喜悅。

老師舉辦了一個簡單的「畢業典禮」，除了讓孩子到菜園採收一項自己愛吃的蔬菜之外，還發給一人一張獎狀，以及一袋種子與小馬鈴薯。希望小朋友繼續

「拈花惹草」，愛大自然的心也能繼續發芽茁壯喔。

阿米兒越來越大，媽媽能陪他上的課也越來越少了。蒲公英寶寶長大後，要乘著翅膀自己單飛了。外面的世界好大，花花草草會讓你目不暇給的。蒲公英寶寶，要自己經歷發芽、開花的人生。

從最早的袋鼠媽媽課，到現在的農夫課，這些母子同學同樂的時光，將會是我最難忘的美好回憶。

Part 4 小小ABC這樣教

他認得T這個字母，也知道腳趾頭就是Toes，而我們根本沒有教他這些東西。

在家說英文？

很多海外移民家庭有了小孩後，都會遇到這樣的問題：「在家裡要跟小孩說英語嗎？」

不少做父母的擔心如果在家裡不跟小孩「講點英語」，以後上學會聽不懂老師在講什麼。也有人奉行「在家純中文」政策，為的是「怕小孩以後忘了中文」，至於學英文，就全權交給學校了。更有些家長採「裡面中文，外面英文」主義——在家就講中文，到了外面就說英文。

還有父母採「講兩遍方案」，一句話要用中文說一遍，然後再用英文重複一次。總之，為了小朋友的語言問題，爸媽是戰戰兢兢，如履薄冰，深怕一步錯全盤錯，讓自己的寶貝還沒入學前就輸在起跑點。

上述的各種政策都有其理論根據，也有過來人的經驗與教訓在裡面。不過以我過去教書的所見來看，我覺得這問題其實真的沒有那麼嚴重。

就算有所謂的剛入學時「聽不懂老師在說什麼」的困擾，這也是短暫的。我所謂的短暫不一定是指一、兩週，甚至一、兩個月就能上軌道，當然我能理解有些家長可能覺得小孩一、兩個月都鴨子聽雷，是太漫長的「酷刑」，但換一個角度來看，小朋友就學的時間可長了，至少要從K讀到十二年級，有的還從preschool念起，幾個星期，或是幾個月的適應期真的不算長。

「萬一小孩因為聽不懂而不喜歡上學，或是溝通不良，心理受傷害怎麼辦？」這又是另一個讓爸爸媽媽擔心的問題。

當然，這也可以牽扯出一大堆理論與說法，但我還是要說，這個問題其實也沒有那麼嚴重。

以前當家長如此問我時，我的回答往往是：「當你會為了這個問題來請教老師時，你的小孩其實已經有了最好的『預防針』與『裹傷藥』。」當父母已經在未雨綢繆的顧及到小孩的「萬一」時，代表這個孩子有看重他教育學習、關心他情緒感受、在乎他人際關係的家庭做後盾。有如此細心體貼的父母，如此溫暖安穩的避風港，孩子有什麼大風大浪不能安然度過呢？

畢竟身在美國，英文還是最強勢的。不要說學校，就連周遭的環境、大眾傳播媒體的影響力，也會使小朋友接觸英文的機會大增。

就像兩歲的阿米兒，平時我們並沒有刻意教他英文，可是他最近的表現就讓我們吃了一驚。

今天上午他在客廳看「芝麻街」，節目介紹今天的字母是T，然後就出現一連串T開頭的東西，如Tiger（老虎）、Teapot（茶壺），與TV（電視）。

兒子看著看著，突然轉過身來對著我，然後笑嘻嘻地用手指著自己的腳趾頭：「Toes！」他在告訴我，腳指頭Toes也是T開頭的字。

當時我真的吃了一驚。

阿米兒說中文都還在單字與疊字的階段（最近才開始把名詞與動詞加在一塊），而他竟然已經可以把英文字母T跟字彙Toes連在一起了。他認得T這個字母，也知道腳趾頭就是Toes，而我們根本沒有教他這些東西。

後來，我「抽絲剝繭」地找出阿米兒到底在哪裡學會這些東西。

原來，他平常聽英文的兒歌CD，有一首歌的內容就是「Head, Shoulders, Knees and Toes」（頭兒、肩膀、膝、腳趾），而且在幼兒班裡，老師也曾帶動唱過，所以他記得腳趾頭就是Toes，當他聽到T時，他就聯想到了Toes。

這樣的表現讓我不得不相信，英文的滲透力真是無孔不入。阿米兒還沒學會「ㄊ是太陽」，就已經先認得「T is for Toe」了。

如果我們在家不多跟他說中文，他很快就會跑到「English only」那一邊了。

我想起以前在中文學校教書時，最常被學生問到的問題：「為什麼我要學中文？」因為很多從小在美國長大，或是在美國出生的華裔小孩，對週末被父母逼來上中文學校很反感，所以常會問這個問題。

我的回答絕對不是「因為你是中國人」、「因為你的爸媽是中國人」或是「你的家人只會說中文」。

我通常都會告訴他們：**「因為中文是全世界最多人使用的語言。既然你以後也有機會或需要學習第二種語言，何不就從對你來說比較不陌生，而且最具潛力的中文開始？」**

現在我自己為人母了。我想，以後我還是會如此告訴孩子吧！

我希望阿米兒對中文也好，英文也好，都能有極度的興趣與自信，也能享受這兩種語言文字所帶給他的文藝盛宴。

不可思議的「身教」

我知道，阿米兒是在模仿我們的舉動。平常我們就是這樣小心地拿起、輕輕地放下。阿米兒一直看在眼裡，雖然我們沒有「教」，可是他學會了，要輕柔地對待水晶球。

這就是「身教」啊！

客廳茶几上擺著一個音樂水晶球。這是我在大學擔任助教時，結婚那年一個學生送的。水晶球底座下有一個發條，輕輕轉一轉就會流瀉出美妙的音樂：〈Forever Young〉。

它一直擺在客廳，直到生了阿米兒後，有人建議：「最好把它收起來喔，不然小孩跑去玩把它給打破就糟了。」

其實，客廳裡易碎會破的東西都已經收得差不多，幾乎可以稱得上是「家徒四壁」

了。可是不曉得為什麼，當時的我就是捨不得把水晶球收起來。因為這個茶几是我的「婚禮紀念桌」，除了這個水晶球，我還將婚禮中使用的同心燭也擺在上頭。

可能是女人婚後仍想保有一點浪漫情調吧，就是生了孩子後還是捨不得撤掉桌上的擺飾。而且再想想，**與其把所有貴重的東西都收得一乾二淨，倒不如教導孩子別碰不該碰的東西，讓他學會「自制」，防「君子」總比防「小人」容易吧！**

後來阿米兒會爬會走了，他也真的是「不負所望」，在我們的耳提面命下，從來沒去碰那個水晶球。或許是他也知道那是爸爸媽媽的結婚紀念品，每次站在茶几旁，他都只是好奇地東瞧西瞧，從來不會去摸上面的東西。

阿米兒就這樣保持著良好的「君子風度」，「只遠觀而不褻玩」的欣賞著水晶球。直到上回聖誕節時，容容阿姨來家裡玩，「手勤」的她不經意的拿起了桌上的水晶球，隨手轉動了底座的發條，於是阿米兒「恍然大悟」：原來這玩意兒會發出聲音。

因為有「先見之明」，知道小朋友對會發出聲音的東西特別有興趣；為了減少「誘惑」，我們從來沒在阿米兒面前轉動過底座的發條。結果那回被容容阿姨這麼一動，阿米兒驚為「天籟」，從此就一天到晚纏著我們轉給他聽。

這個水晶球如果發條上緊了，大概可以播放兩分鐘左右的〈Forever Young〉。剛開始的時候，阿米兒是每隔兩分鐘就要我們去轉一次，他曾足足不間斷地聽了一小時。後來新鮮感減弱了，阿米兒不再連續吵著聽，可是只要看到水晶球，他還是至少要聽個十來分鐘才過癮。或許是以前養成的習慣，他不會自己去碰水晶球，音樂停了就急忙忙地跑來牽我們的手：「開開！」於是無論手邊正在做什麼大事，我們仍得暫時擱下去替他上發條。

有一回，我在廚房忙不過來，阿米兒又想聽〈Forever Young〉。他不停嚷著：「開開！開開！」

我實在走不開：「寶貝等一下，媽媽在忙。」

當我忙完後，正想過去幫他上發條時，卻聽到〈Forever Young〉響起。一看，阿米兒已經「凍未條」地自己動手了。

看到他自己上發條，我本能的第一個反應是想制止他：「不可以。」

這麼沉的水晶球，萬一不小心失手掉到地上還得了？

可是當我看到他的動作時，心裡卻又電光石火地閃了第二個念頭：「等等，再仔細看看他的動作。」

阿米兒小心翼翼的把水晶球倒過來躺在桌上，一手扶著球，一手去轉動發條，然後又輕手輕腳的把它小心的扶正。整個過程他的動作都是如此的輕柔小心，幾乎是屏氣凝神的專注，彷彿他真的知道，這是個易碎的物品，他必須小心對待。看到他這樣幾乎是超乎自己年齡的細心舉動，在旁默默觀察的我受感動了。

我知道，阿米兒是在模仿我們的舉動。平常我們就是這樣小心地拿起、輕輕地放下。阿米兒一直看在眼裡，雖然我們沒有「教」，可是他學會了，要輕柔地對待水晶球。

這就是「身教」啊！我們的一舉一動，小孩真的都看在眼裡。

對待一個水晶球如此，對待一個人、處理一件事也是如此。如果小孩能從我們身上學會如何去使用一個水晶球，他也一定能從我們身上學會如何去呵護其他更加寶貴脆弱的事物。

如果小孩能從我們身上明白水晶球要小心拿起、輕輕放下，那他一定也能從我們身上學會要去善待小動物、保護弱小、愛惜生命。我們本身對婚姻、對家庭，甚至對不同族群的態度也一定能影響孩子日後處理人事物的價值觀。

當然，這麼一個沉重又滑不溜丟的水晶球，在一個小孩的手中可能一不小心就會摔在地上，可是我覺得我願意賠上這個水晶球。因為兒子學會了以合宜的態度來處理一樣貴重易碎的事物。

雖然基於安全的考量，後來我還是告訴阿米兒：「以後還是讓媽媽來幫你上發條。」但是我覺得自己當時沒有衝動地制止他去上發條是對的。

因為這個水晶球，也讓我看到了小孩模仿力是何等驚人，他們的吸收力是何等的強；因為這個水晶球，也讓我再度提醒自己：要謹慎自己的言行，我們的一舉一動，小孩都看在眼裡。

跟孩子道歉

在那個年代，要大人向小孩承認錯誤，真的很不容易吧？就算大人不都是對的，小孩「有耳無嘴」，聽聽就好，哪來那麼多意見？不曉得是不是有很多小孩跟我一樣，暗暗在心裡說：「等我長大了，一定不會這樣。」「真的是『一定』不會這樣嗎？」

那天早上為阿米兒做了一份炒蛋當早餐。

阿米兒一向愛吃這種炒蛋：煎鍋上熱點油後將蛋打散，略炒一下加入一點醬油膏，拌勻後就可熄火起鍋。加了醬油膏的炒蛋香噴噴，他通常兩、三口就吃光光。

那天不曉得為什麼，一小盤炒蛋阿米兒吃得慢吞吞。我有點火大：「快點吃，蛋要涼掉了。」炒蛋要趁熱吃，冷掉味道就差很多。

看他吃得如此蝸速，我忍不住說：「不想吃就算了，我們要去上學了。」一面趕他去廁所刷牙，一面順手抄起桌上的炒蛋，還剩一、兩口，扔掉有點可惜耶！於是就將炒蛋塞進嘴裡。

「咦！炒蛋怎麼是辣的？」我暗自一驚。明明就只有加醬油膏，哪兒來的辣味？連忙跑去廚房開櫃子，取出昨天才買的醬油膏一看，哇！原來我買成了「香辣醬油膏」。在幾乎一模一樣的包裝上，畫著一根紅色的小辣椒呢！

難怪阿米兒不愛吃今天的炒蛋，原來是辣的——我……我錯怪他了。

因為一時的疏忽不察，卻不分青紅皂白的發脾氣，突然覺得自己有點像是狠心的繼母。看著這瓶醬油膏，我突然想起童年時的一段往事。

好像是念小學一年級的時候吧？一回媽媽煮了一鍋排骨蘿蔔湯。我趁熱喝了一口，馬上吐了出來：這湯怎麼會有肥皂的味道？

「媽，這個湯有肥皂味。」我跑去廚房跟媽媽說。

「胡說，湯怎麼會有肥皂味？」媽媽在忙，頭也不回的答道。

「真的，喝起來有肥皂的味道耶！」我強調，「好像還有泡泡在上面ㄋㄟ。」

「不要囉唆，快把湯喝完。」媽媽有點不高興了。

這下換我不開心了，明明就怪怪的，還要我把它喝掉。我才不要喝肥皂排骨湯。

這時媽媽一聲輕叫：「哎呀，真的有泡泡耶！」原來媽媽把煮好的那鍋湯擺在水槽旁邊，可能是在洗碗時，洗碗精的泡沫不小心濺到湯裡了。仔細一看，湯面還浮著一層薄薄的泡沫。「看吧，我就說有泡泡味。」這下我可得意了。

我等著看媽媽的反應。想不到媽媽什麼都沒說，就把那鍋湯倒掉。然後就像什麼事都沒發生似的對我說：「快去把你的飯吃完。」

這齣「肥皂排骨湯事件」讓我印象深刻，幾十年後仍然不忘。倒也不是怨媽媽誤會我，或是事後沒跟我道歉。只是我驚訝大人犯錯後的反應竟是如此若無其事。一點解釋也沒有，就這樣把排骨湯倒掉，然後就像沒事一樣的繼續扮演「大人的角色」：「去把你的飯吃完。」

老實說，我也不確定當時的自己在事後到底期待媽媽怎麼樣的反應，我想應該不是要媽媽跟我道歉吧，而對當時只有小學一年級的我來說，大概還沒想到大人也會跟小孩子說對不起。我想可能是媽媽一句：「啊！你說對了，湯真的有肥皂味耶！」吧。總之，當時的心情到現在還記得，那種微微的失望與說不清楚的委屈。

在那個年代，要大人向小孩承認錯誤，真的很不容易吧？就算大人不都是對的，小孩「有耳無嘴」，聽聽就好，哪來那麼多意見？不曉得是不是有很多小孩跟我一樣，暗暗在心裡說：「等我長大了，一定不會這樣。」

「真的是『一定』不會這樣嗎？」

進到廁所，阿米兒早已搬好了小凳子站在鏡子前面等我幫他刷牙。我與阿米兒一高一低的出現在鏡中，我彷彿看到了當年那個拒喝肥皂排骨湯的小女孩也站在我們之間。

「阿米兒，剛剛的炒蛋是不是辣辣的？」我問。

「辣辣的。」兒子說。

「對不起唷！媽媽不小心把辣辣的醬油倒在裡面了，是因為這樣所以你不想吃炒蛋嗎？」

「因為這樣不吃炒蛋。」

「那媽媽明天做不辣的炒蛋，你會乖乖吃完嗎？」

「會乖乖吃完。」

我摟著兒子，心裡有一種得到釋放的感覺。

鏡中那個小女孩對我露出了微笑。

為什麼寵物不能是「一枝花」？

晚上，阿米兒說要跟花兒一起睡。

我告訴他：「花兒喜歡睡在花瓶裡。」

阿米兒依依不捨地輕輕吻了一下花兒說：「Good night! See you tomorrow!」

阿米兒最近「養」了一個寵物。

他對這新寵物愛不釋手，到哪兒都要帶著牠。

「牠」不是貓，也不是狗，不是鳥兒，也不是毛蟲；牠，正確的說法應該是「它」是……一朵花。

是的，一朵花。一朵粉紅色的非洲菊。

可能是逛了一趟植物園，「憐香惜玉」的潛質給激發出來了，阿米兒愛上了

「拈花惹草」。無論到哪兒，只要看到漂亮的花就不忍釋目，直吵著「帶朵花回家」。

無奈媽媽我三申五令：「花園種的花不可以摘。路旁的野花不要採。」所以阿米兒只能遠觀不可褻玩焉，頂多撿撿自動掉落地上的花兒（上回去植物園那朵小白花就是這樣給他一路揑在手裡，寶貝得不得了。）所以他心心念念就是要「去花店買可以帶回家的花」。

上星期去容容阿姨公司附近的農夫市場，阿米兒發現了賣花攤，當下賴著不走，非要媽媽給他買朵花兒。

這小子真比他媽媽有氣質，我已經好久沒買花插在客廳了。照顧小孩都忙不過來了，哪兒還有閒工夫蒔花弄草？

問他要買哪種花，阿米兒毫不遲疑的指著非洲菊：「要這種粉紅色的花。」

好吧，一枝非洲菊一塊美金，就了了他一樁心願吧。

花販將花兒用紙包好遞給阿米兒，阿米兒開心極了！一路拿著他的寶貝花又蹦又跳。

於是，這朵粉紅花成了阿米兒的新歡，到哪兒都帶著，無論是去公園、逛街，甚至教會，就看到這個小男生握著一枝花跑來跑去，惹來不少行人的側目——小孩出門隨身帶著小熊、洋娃娃、玩具車是很稀鬆平常的事，只不過帶著一朵花……欸……還真是有點奇怪耶！

這枝特蒙眷顧的花就這樣跟著阿米兒趴趴走。

經過一整天的折騰，沒有水分的滋潤，又給握在熱熱的手心裡，花朵整個垂了下來，看起來奄奄一息。

回到家後，我告訴阿米兒：「花兒累了，而且口渴了，需要休息喝水。」

於是找出塵封已久的水晶玻璃瓶，灌些水，讓這朵被熱情「過度刺激」的花好好休息一下。

晚上，阿米兒說要跟花兒一起睡。

我告訴他：「花兒喜歡睡在花瓶裡。」

阿米兒依依不捨地輕輕吻了一下花兒說：「Good night! See you tomorrow!」

或許是經過一夜的滋潤，不然就是阿米兒的王子之吻使它起死回生。隔天一早，本來彎腰駝背的花居然又挺了起來。

阿米兒開心極了，像是熱戀中的情人，一「夜」不見，如隔三秋，他又帶著花兒四處走、到處逛，逢人就獻寶：「我的花！」

於是連著幾天，阿米兒這個護花使者與他的「寵物」形影不離。人家是遛狗，他是「遛花」。

不曉得這朵花壽命多長，可以「凍」多久？萬一它真的香消玉殞、回天乏術了，那我是不是還得學林黛玉，來個葬花大典呢？

後記：把一枝花當寵物，會不會很奇怪呢？

我想，就孩子來說，「寵物」的定義是很廣泛的。只要是喜歡的東西，都可以是心愛的寵物，不見得一定要是會動會走、能吃能睡的「活物」才算是「寵物」。這朵粉紅花雖然不會言語，也不會搖尾撒嬌，甚至還不能陪他玩，但在阿米兒「萬物皆有情」的世界觀裡，不會動、不能言的花一樣可以是他親愛的夥伴，可以陪著他趴趴走。

在童話的想像世界裡，花兒、蜜蜂、蝴蝶都是可通人性、可以與人溝通的。或許在現實生活中，也只有小孩才能解花語，用大人所聽不見的聲音來跟它們溝通。

藝術家脾氣

我摟著他：「阿米兒，畫圖畫不好很生氣。對不對？」

小人兒委屈地點點頭。

我說：「有時候呀，我們畫圖畫不好，那就先休息一下。Take a break，等我們冷靜了，不生氣了再來畫，這樣可能就會畫好了。不然，在很生氣很生氣的時候，圖很難畫得好喔！」

下午阿米兒在客廳畫圖，看他很專注地一筆一筆畫，竟讓為母的我有點兒感動：想必達文西作畫就是這等神情吧。

可畫著畫著，小人兒竟發起脾氣來了。

可能是某一個圖老是畫不像，所以給惹毛了。只見他越畫越生氣，臉孔脹得紅紅地，紙一張一張的畫，一張一張的扔，最後居然氣得摔筆跺腳。

也許真的是給氣壞了，在一番摔筆跺腳之後餘怒未消，小人兒居然拿起畫壞的紙張往嘴裡塞，狠狠地咬下去，啃下兩片後在嘴裡嚼一嚼後才吐出來。

哇，這是什麼名堂？氣到要把紙給「碎屍萬段」？所謂的「咬牙切齒」、「恨得牙癢癢」就是這樣吧！

雖然看兒子氣成這樣有點同情他，但老實講，這「吃紙洩忿」的一幕讓我看了忍不住想大笑。

躲到旁邊偷偷暗聲狂笑之後，看小人兒好像依舊很氣的樣子，眼睛還含著兩泡淚哩，於是慈母心軟啦，去擰了把冰毛巾來，溫柔地遞給他，要他擦擦臉，冷靜一下。

「平常碰到他這種「遇到創作／摹仿瓶頸」的時候，我一向是「放牛抓狂」的：自己畫不好就自己想辦法囉，不然要怎麼辦呢？你生氣，我不一定要跟著你的情緒起舞呀！

小人兒接過毛巾，一邊擦一邊抽咽著。

我摟著他：「阿米兒，畫圖畫不好很生氣。對不對？」小人兒委屈地點點頭。

我說：「有時候呀，我們畫圖畫不好，那就先休息一下。Take a break，等我們冷靜了，不生氣了再來畫，這樣可能就會畫好了。不然，在很生氣很生氣的時候，圖很難畫得好喔！」

我又說：「畫圖應該是開開心心的事。如果你畫的時候覺得不開心，那就先不要畫，可以去做別的事。等開心了以後再回來畫。知道嗎？」

小人兒看看我，看看地上滿地的廢紙，好像有聽進去了。他點點頭說：「畫圖要開開心心！」

「這就對啦，開心的畫，才會畫得好嘛！」我說。

小人兒再去拿一張紙，重新畫圖。這回畫得挺順的，他很得意的秀給我看他的大作。

「好棒喔！」我讚美他，「這就是開開心心畫的結果喔！」

事後，我想到阿米兒這幕「發藝術家脾氣」的鬧劇，不由得聯想到古代那個「跟雞蛋過不去」的人。

《晉書》王列傳中提到王列這個人，吃雞蛋，用筷子刺不著，一氣之下把蛋給摔到地上。想不到圓溜溜的蛋沒破，還在地上骨碌轉，於是他用木屐去踏，可還是踩不著。在氣到抓狂之下，他一把抓起雞蛋，放入口中咬破後再吐出來，這才消了怒氣。

想想王列的舉動，跟咱們阿米兒還真有異曲同工之妙。

只是，這個王列後來轉性了，變得大度能容，別人誤會污辱他，也能神色自若，面不改色。看來一個人的性子是可以被磨練的，小人兒雖然還不太懂得控制或合宜地抒發自己的負面情緒，但總是有學習進步的空間。媽媽我也不用太緊張，就偶爾在旁偷笑……喔，是適時地輔導，其他的，就讓時間來作工吧！

創意與搗蛋

滿屋子都是沐浴乳，對大人來說，這是不折不扣的搗蛋。但是就小孩來說，他可能只是在進行一項「人造雪實驗」。

可能是南加州不下雪，所以住在這裡的小孩就流行「自力救濟」，來個「人造雪運動」：前天阿米兒就把家裡弄成了銀色世界。

那晚我正在廚房忙東忙西，先生也剛回來，阿米兒就趁大人一陣忙亂的時候，溜進浴室把兒童泡泡澡的沐浴瓶拿出來玩。那是手壓式的沐浴瓶，只要輕輕一按，就可以擠出一大坨泡泡。

當我正在廚房切切剁剁的時候，阿米兒跑來了。他滿臉泡泡地望著我：「Bubbles!」阿米兒不但滿臉是白色的泡泡，連手上、脖子上、頭髮上也全是一堆堆的泡沫。我連忙跑去客廳一看，哇！不得了了！桌上、地上全是泡泡，那瓶沐浴乳大概只剩半瓶了。

還好，這是兒童用的沐浴乳，所以沒有刺激性，阿米兒揉進眼睛也不痛，所以才會讓他「得寸進尺」的抹得滿頭滿臉。我把阿米兒交給他爸爸處理，自己去客廳清理善後，滿屋子都是沐浴乳的哈密瓜香味。

清理完後，我本想「家法伺候」阿米兒。可是一轉念，我想：「這是創意，還是搗蛋呢？」

對大人來說，這是不折不扣的搗蛋。但是就小孩來說，他只是在進行「人造雪實驗」。當然，我不是鼓勵阿米兒破壞規矩，盡量闖禍。他還是得明白：沐浴乳不是玩具。但是，另一方面，我也提醒自己，不要太過發火，因為他不是故意的。

這個世界對阿米兒來說，有太多新鮮有趣的事物等待他去摸索探險。一瓶哈密瓜味的泡泡沐浴乳，除了用來洗澡，還可以製造出一大堆好玩的泡泡，當他逮到機會時，怎麼能不好好玩個痛快呢？或許，下回洗澡時，我可以把吹泡泡的工具拿出來，讓阿米兒邊洗邊玩吧。

阿米兒的「創意活動」還真是不少。除了前天的泡泡事件，他昨天在阿公家也來了段「廁所創意」表演。

那天阿公陪我帶阿米兒去打預防針。回來後阿公下廚做義大利海鮮麵給我們吃，我在一旁幫忙；阿米兒一個人在客廳玩。結果沒多久他跑來找阿公。

阿米兒牽著阿公的手到廁所，一看，他把衛生紙卷全扯了出來，拖得長長的塞到馬桶裡。他還不覺得自己闖禍了，竟敢要阿公：「開！」意思是要阿公壓下開關沖水。我看了忍不住噗嗤笑出來，我知道阿米兒為什麼有此舉動，因為平常在家時他很喜歡看馬桶沖水，每次看到大量的水匯成一圈圈的漩渦沖下去時他就很興奮。

我老是跟他說：「馬桶裡有『東西』時才可以沖水，不然就是浪費水。」所以這回他就把衛生紙扯出來塞到馬桶裡，「有了東西」後當然就得沖水了嘛。

雖然阿米兒又搗蛋了，可是我還是忍不住一把抓過他來猛親他好幾下：「你這小子怎麼這麼可愛又頑皮！」當然，如果馬桶堵住了可就不好玩了，所以後來我還是正色對他曉以大義：「馬桶不是玩具，也不可以玩衛生紙。」看他那副古靈精怪的調皮模樣，真是教人又好氣又好笑。

這種頑皮搗蛋的事件對一個有兩歲小孩的家庭來說，應該是家常便飯吧！我想，除了適時合宜的教導小孩、導正他的行為之外，我們做父母的也應該學著以一

種幽默輕鬆的態度來面對這一樁樁可能讓我們抓狂吐血的烏龍事，畢竟小孩是小孩，大人是大人。同一個事件，對不同的年齡層而言，或許有不同的解讀方式。童年只有一次，偶爾給孩子們一點「凸槌」搗蛋的空間，也未嘗不是替他們的回憶盒子裡留下一些有趣難忘的故事！

當孩子在公共場所耍賴

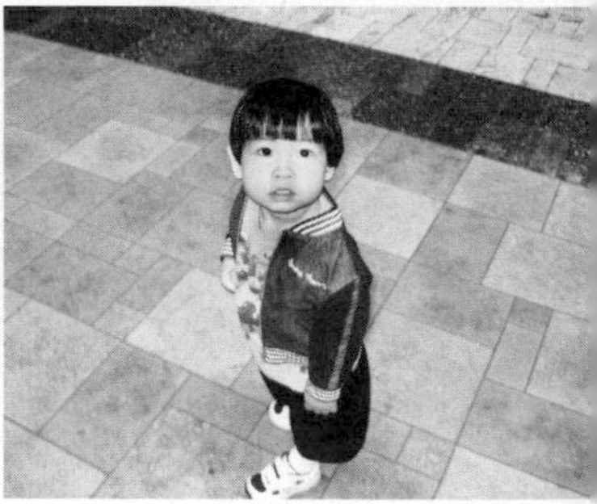

進了廁所（要找殘障專用的空間比較大）拴上門。我把阿米兒放在地上（這時已經不用管地上乾不乾淨了！）擦乾他的眼淚鼻涕，再度對他曉以大義，我還是重複原來的話：「現在不抱抱，自己走路或坐車車。」

阿米兒今天在Costco鬧場了。不曉得為什麼，阿米兒出門在外時老喜歡我抱，不肯坐手推車。逛個街要我抱，買個菜也要我抱。

你能想像雙手抱個約十二公斤重的小孩試衣服，或是一面單手抱小孩，一面推著購物車買菜的情形嗎？每次進入商場，要把他放在購物車上，他就開始扭來扭去的抗議，雙手雙腳緊緊的勾住我的身子，像隻海星似牢牢地吸附著不放。好言好語勸導他不聽，威脅利誘他不甩，最後只有抱著破涕為笑的他一路逛街買菜。

以前有他爸爸或爺爺奶奶在時，大概是怕咱們母子倆戰火「一觸即發」。萬一小孩哭鬧不休，我這做媽的火起來演出「全武行」會惹來麻煩，所以老是息事寧人的要替我抱阿米兒，不然就是草草結束逛街，一家打道回府。但隨著阿米兒越來越大，體重越來越重，「同情」他的人也越來越少了。大家都覺得阿米兒已經聽得懂道理，而且可以由大人牽著手自己走路了，所以都開始支持媽媽的「鐵腕政策」。

我的「鐵腕政策」其實很簡單，就是三個字——不妥協。任憑你又哭又鬧，拳打腳踢，在地上打滾，不抱就是不抱。要嘛就讓人牽著乖乖走路，要嘛就隨你哭得滿臉眼淚鼻涕，反正當媽了之後臉皮變厚，形象也不顧了，別人要看熱鬧就隨便看吧，大不了小孩帶到廁所讓他繼續鬧個夠。

今天阿米兒就是這樣。一進Costco要讓他坐購物車，他不肯，先是抱著他走了一會路，讓他熟悉環境，其實他已經去過好幾遍了，然後對他曉以大義：「阿米兒已經長大了，兩歲的小朋友可以自己走路了，不然媽媽推你坐車車好不好？」他堅持不肯，要抱他上購物車，他兩腳抬得高高地，好像那位子是什麼油鍋似的。爺爺奶奶這回很配合，他們怕聰明的阿米兒會找靠山，就先推著購物車去買東西。阿米兒見靠山走了，開始嚎啕大哭。他索性坐在地上，兩腳亂蹬，把鞋子都給踢掉了。

我蹲下來告訴他：「阿米兒，你哭也沒用，媽媽不抱抱，你可以坐車車或自己走。」他拚命搖頭，伸出雙手要我抱。我摟著他，拍拍他的背，這小子還以為我改變主意要抱他了，兩隻手順勢圈住我的脖子，兩隻腳也勾著我的腰。

我扳開他的手腳，對他說：「阿米兒，媽媽不抱抱，坐車車或是自己走。」他看這招不行，就開始在地上耍賴，手捂著臉扭來扭去（敢情他也怕丟人？）我作勢推著購物車要離開，他連忙爬起來追我。我停下來，問他要坐車還是要自己走。他兩個都不要，還是要我抱。

就這樣，阿米兒的尖叫聲整個賣場都聽得見，幾個老人經過了還對阿米兒投以同情的目光，然後抱歉地望著我。不曉得是看阿米兒哭得可憐，還是替我惋嘆「有子如此大不幸」？為了不讓阿米兒高分貝的哭叫聲造成顧客購物的困擾，我拎著他走向廁所。

進了廁所（要找殘障專用的空間比較大）拴上門。我把阿米兒放在地上（這時已經不用管地上乾不乾淨了！）擦乾他的眼淚鼻涕，再度對他曉以大義，我還是重複原來的話：「現在不抱抱，自己走路或坐車車。」

他繼續哭鬧了一陣子，不曉得是想通了，還是受不了廁所的異味，終於站起來把手伸給我。我牽著他走回賣場，不到幾步他又坐在地上耍賴。我二話不說，拎著他走回廁所，拴上門，重複同樣的步驟。

就這樣來回了兩次，第三次阿米兒終於乖乖地讓我牽著手走路了。我們一面走，我一面鼓勵讚美他好乖，好懂事，因為阿米兒是大孩子了，所以可以自己走。我還沿途作導遊的跟他介紹產品：「這是爸爸喝的咖啡，那是阿米兒吃的餅乾，我們現在要去賣蔬菜的地方找爺爺奶奶……」

找到了爺爺奶奶，阿米兒也乖乖地坐上購物車。我特地向爺爺奶奶誇讚阿米兒好棒，剛剛是自己走來的呢！爺爺奶奶少不得又親又摟地大大讚美了他一番。就這樣，祖孫一行前去結帳，結束了「有驚無險」的Costco鬧場記。

這是阿米兒第一次乖乖地讓我牽著走這麼一大段路，所以特別記載下來以資紀念。以前看到小孩在公共場合躺在地上打滾耍賴時，總覺得不可思議。做爸媽的怎麼不採取些行動制止，就任憑他胡鬧撒野？現在當了媽後，才知道事情其實不像表面所看的這麼簡單。誰知道這發飆的小霸王是不是在跟爸媽鬥智、比耐力呢？當爸媽鐵青著臉，一言不發的在旁觀看時，或許這正是一場「誰能堅持下去，誰就是贏家」的拉鋸戰呢！

親師溝通

在孩子學習成長的過程中，我不可能每次都有機會去「建議」老師。每個老師有不同的風格與教法，小孩子也應該學習去適應調整。有時候，學習的環境不能改變，老師也不能選擇，但這也等於是讓小孩有個成長與磨合的機會，不是嗎？

阿米兒今年暑假開始上游泳課。

老實說，在上課前，媽媽我有點擔心，這位小朋友會不會裹足不前，連下水都不願意呢？因為阿米兒一向是那種小心謹慎、不願輕易嘗試的「非冒險家」。在踩不到底，又失去重力的水池裡，他能打開心防、自在的學習嗎？

結果，頭一天上課，阿米兒的表現出乎意外的好。

他乖乖地跟其他小朋友坐在泳池的台階上，下半身有浸水喔！等候老師一對一的個別指導。老師是個年輕貌美的洋美女，大概只有大學生的年紀，對小朋友輕聲細語，溫柔得不得了。阿米兒在老師的諄諄善誘下，乖乖地離開台階，手扶著漂浮板，跟著老師漂到池中心。

接下來的兩、三堂課，阿米兒都表現得十分勇敢。他雖然還是有點膽怯，但都願意跟著老師練習漂浮、仰漂、划水、踢水，只是三不五時手臂會像鉗子似的緊緊勾住老師的手臂，不然就是像章魚一般勒住老師的脖子。

老師脾氣好，也不勉強他一定得放手。有時練習仰漂，阿米兒頭抬得老高，兩腳僵得直直的，看了實在讓人發笑。一堂課下來，阿米兒的頭髮居然還可以是乾的，真是服了他。

我想，對阿米兒來說，剛開始上課，能有這樣的成績就很不錯。至少他不排斥下水，也願意在老師的協助下去嘗試各種姿勢游法；至於頭濕不濕嘛，呃，就不用要求太高了啦。

想不到，第二個星期，阿米兒居然濕了頭髮。

那天到了泳池，發現原來的美女老師換了人，代課的老師應該是華裔，看起來比較一板一眼。如果說前一個老師是「天使的指導」，那這位老師就是「魔鬼的訓練」。不同於前一位老師的循序漸進、溫柔善誘，她嚴格地一而再、再而三地要求不肯把頭潛入水裡的阿米兒「再來一遍」。阿米兒捏著鼻子（我覺得他可能也不太懂得怎麼閉氣），瞇著眼睛，每次水一碰到下巴就縮回去，根本不願沉下水。

我看他的表情已經要哭要哭的樣子，果然，接下來他們開始複習仰漂，阿米兒像以前一樣，想抓住老師的手臂，標準姿勢應該是全身呈大字形，讓身體自然輕鬆地浮起。老師扳開他的手，他又抓回去，如此弄了好幾次；然後她又要求阿米兒不要抬頭，好好地「躺」著。結果，阿米兒開始嚎啕大哭。

在玻璃窗外的我看到兒子哭了，心裡電光石火的閃了好幾個念頭：「這老師真兇！」「欸，要不要去『救』小孩？」「還是再等等？看看老師接下來的反應？」……老師似乎有點尷尬，她抱抱阿米兒秀秀他，等他停止哭泣時就帶他游回台階。

小朋友又一個一個再次練習仰漂，輪到阿米兒時，他居然漂了起來。

上完課後，我去池邊接阿米兒。我用大浴巾裹起了他，阿米兒已經不哭了，看起來還挺開心的，小孩情緒真是來得快去得快。

老師還在水裡，我俯下身跟她打招呼，順便跟她說，這是阿米兒頭一次上游泳課，所以可能會比較緊張。

老師恍然大悟：「原來如此。」不過，我還是謝謝老師，因為阿米兒今天又有了新突破：他的頭髮終於濕了。

其實，我當時還想跟老師建議：「可不可以不要那麼嚴格？小孩初學，輕鬆一點嘛！只要他們願意下水，不排斥練習就好了。」

但轉念一想，我好像不應該去「教」老師如何教才是。雖然我覺得自己的想法有道理，是站在自己孩子的立場出發。但說真的，在孩子學習成長的過程中，我不可能每次都有機會去「建議」老師。每個老師有不同的風格與教法，小孩子也應該學習去適應調整。有時候，學習的環境不能改變，老師也不能選擇，但這也等於是讓小孩有個成長與磨合的機會，不是嗎？

所以我只告訴老師，阿米兒是初學，可能會比較緊張。至於請老師「網開一面」的要求，我就吞下去不說了。我想，老師知道阿米兒是初學，又應該看出他是屬於比較小心型的孩子，下一回教他的時候，也會做些適度的調整吧？

就這樣，阿米兒終於濕了頭髮。媽媽我呢，也無形中給自己上了一堂課。

父子親密對話的時刻

阿米兒睡前的「壓軸戲」——父子合演光影劇。

爸爸拿大手電筒，阿米兒拿小手電筒，在微暗的房間裡對著牆壁打光影。兩人躺在床上玩手電筒，製造各種形狀的影子，一面唱著「在無數的黑夜裡，我用星星畫出你。你的美好如辰星，讓我真實的見到你……」那首詩歌。

阿米兒最近對影子產生了極大的興趣，每次到公園去就愛追著自己的影子跑——與追著自己尾巴的小狗有異曲同工之妙？他喜歡左搖右擺地欣賞影子的晃動，不然就是扭來扭去地看看能不能把影子給「甩掉」。晚上入睡前的「晚安儀式」，更少不了「與影共舞」的綜藝節目。

阿米兒的「晚安儀式」分為兩個階段。第一階段是媽媽負責，第二階段是爸爸負責，順序不可搞錯。第一階段，媽媽的工作是陪阿米兒唱唱兒歌、玩玩手指謠，當我們唸到「搔搔石頭胳肢窩」的時候，媽媽就會趁機搔搔阿米兒的胳肢窩，弄得他咯咯大笑。

這時門外一閃一閃的信號光出現了，「把拔！把拔！」阿米兒開心地嚷著，一面把我這「沒有利用價值」的媽媽給推下床：「馬麻尿尿！」意思是我可以走了，沒事就去上個廁所吧！原來爸爸拿著兩支手電筒來了。這是阿米兒睡前的「壓軸戲」——父子合演光影劇。

爸爸拿大手電筒，阿米兒拿小手電筒，在微暗的房間裡對著牆壁打光影。兩人躺在床上玩手電筒，製造各種形狀的影子，一面唱著「在無數的黑夜裡，我用星星畫出你。你的美好如辰星，讓我真實的見到你……」那首詩歌。

這是屬於阿米兒與爸爸的時光，是父子親密對話的時刻。阿米兒與爸爸用手電筒在牆壁上作畫，編織美麗的夢想；大人與小孩，大影子與小影子，形影不離。

每晚阿米兒最期待的一刻就是與爸爸玩影子遊戲。這是爸爸的特權，連媽媽也不能取代。玩過影子遊戲後，爸爸親親阿米兒，與他道晚安，阿米兒就會乖乖地、心滿意足的睡去。

親愛的阿米兒，你知道嗎？當聽到你們父子的歌聲從你房裡傳出來的時候，媽媽的心就覺得好甜蜜、好幸福。

現在的你，就像是在大樹下成長的嫩芽，爸爸媽媽細心的呵護著你；有一天，你會像蒲公英一樣，乘著風的翅膀飛離大樹的蔭蔽、尋找自己的天空。那時候的你，在陽光下快樂的嬉戲，偶爾看見自己的影子，會不會想起，曾經與你形影不離的大樹呢？

孩子是大人學習的對象

孩子實在是督促我們學習的最佳動力。他們源源不斷的好奇心與問題就像給我們的小考一樣，我們因而省視自己「程度有待加強」，也因此再度花心思氣力去尋求答案。

那天帶阿米兒去公園玩，驚喜地發現花園裡的玫瑰盛開。我漫步在園中，阿米兒就在旁邊又蹦又跳地。他學我蹲下身來聞聞花香、觀察採蜜的蜂蝶，並不時的問我：「這是什麼顏色？」

我有些心不在焉：「黃色啊！」

「這是什麼顏色？」阿米兒又問。

「也是黃色嘛！」我回答。

阿米兒有些不滿意地停下腳步，指著其中一叢玫瑰：「這是什麼顏色？」

我回過神，仔細看了一下，這才發覺雖然是一叢黃色的玫瑰，可是它跟剛剛我們一路看來的黃玫瑰是不同品種的。它們的黃，也是不一樣的黃色。剛剛看的是亮麗的黃，現在這叢則是有些透明的淡黃。它們是「不一樣的顏色」，怎麼媽媽都說是「黃色」呢？

於是我認真地陪著阿米兒看著這些玫瑰。它們的顏色真是千變萬化，不是簡單的用幾種基本原色就可以將之歸類的。除了剛剛看到的深淺黃色，還有的乍看之下是橘色，可是細看後又覺得像是鮭魚的粉紅色；也有的紫色是嬌豔的葡萄紅，但有些卻是柔和的芋頭色；有的白是從裡到外的純潔，有的白卻是白裡透紅的粉嫩。

造物主大概是故意把調色盤給打翻，面對這一大片的五顏六色，真覺得自己對顏色的認識與詞彙好貧乏呀！這滿園的花色，真的不是只用幾個基本的「紅、橙、黃」就可以歸類。

對很多大人來說，一朵花就是一個顏色，可是孩子就是因為字彙有限，歸納的能力也不足，所以反而更能不拘泥既定的窠臼，以一種單純的方式來詮釋色彩的變化。

我想，孩子實在是督促我們學習的最佳動力。他們源源不斷的好奇心與問題就像給我們的小考一樣，我們因而省視自己「程度有待加強」，也因此再度花心思氣力去尋求答案。雖然有時我們並不見得能替所有的問題找到解答，但至少在尋覓與思考的過程中，我們也重新對生活周遭那些我們視為理所當然的事物有了更深的體悟。

有人說，媽媽是孩子最初的老師。其實，在我看來，孩子也同樣是媽媽可以學習的對象呢！

我希望對阿米兒的處罰方式是建立在講道理和罰站的基礎上。至於打，能免就免了吧。或許是小時候的記憶猶新，打人與被打都不是件愉快的事。

體罰的意義

阿米兒昨天被我罰站。

下午他在客廳玩，我在廚房忙。忽然聽到玻璃破裂的聲音，我連忙放下手邊的工作，跑去客廳一探究竟。

只見阿米兒愣愣地站在茶几前，容妹送的玫瑰香味蠟燭杯被打破了，碎片散在茶几上。看阿米兒一臉裝無辜的樣子，心裡不覺有氣。已經千交代萬交代不可以碰那些蠟燭，他就是不聽。看來得給他個教訓才是。於是我一臉嚴肅的看著他，口氣嚴厲的說：「阿米兒，媽媽已經講過很多次，爸爸也有告訴你，不可以碰那些蠟燭。玻璃打破了就黏不回來，而且割到手會痛、流血。為什麼講不聽？」

我一面教訓他，一面牽他到廚房和走廊間的那面牆壁前：「站在這裡！面壁思過！這叫罰站。Time out! 以後不乖就站在這裡，懂不懂？」他似懂非懂地望著我收拾殘局。兩手晃來晃去，試探地挪動腳步，我嚴厲地瞪著他說：「不要動，站好！」他馬上把腳縮回去。

「要罰站兩分鐘才可以。知道嗎？」我把他身子轉回去面對牆壁。他大概覺得情況不妙了，媽媽好像來真的，有點訕訕地低著頭看著自己的腳丫子。

收拾完破片。回頭看他，阿米兒也正偷偷地回頭瞄著我。看他一個小小人兒垂著頭站在那裡，我的心一軟，走去抱著他，對他說：「這就叫罰站！以後不乖就要站在這裡。媽媽希望你不要常常在這裡。你是個聰明的小孩，講過一次就懂了。以後不要再犯了。知道嗎？」

他把頭倚在我肩上，我摟著他：「媽媽還是很愛你的。你不乖，媽媽還是會愛你，可是你就要罰站了。」他也緊緊的抱著我。於是，結束了阿米兒生平第一次的「刑罰」。

希望他記得這個教訓。兩分鐘的處罰對一個不到兩歲的小孩是算長了。我希望對阿米兒的處罰方式是建立在講道理和罰站的基礎上。至於打，能免就免了吧。或許是小時候的記憶猶新，打人與被打都不是件愉快的事。

其實不一定要讓一個小孩挨打才能收到懲罰的效果。記得光是看大人生氣的樣子就夠我們怕了。不過適當的罰站，還是必要的。小孩是可以明白有因就有果的。罰站就是什麼「好康」的都沒有，只能無聊的站著發呆。對一個小小孩來說，就是「酷刑」了吧！

不過，老實講，碰到阿米兒無理取鬧，發野撒潑的時候，有時真的想一屁股打下去。以前教書時遇到一些頑劣不馴的學生，不能罵又不能打的，就很羨慕早期台灣的老師：權威至高無上，遇到不聽話的學生，竹籐啪下去，學生馬上乖乖的。

不過，話又說回來，誰在學校敢打阿米兒，我肯定跟他沒完沒了的。人，尤其是做父母的，真是矛盾。別人的小孩是「行為偏差」，自己的小孩就是「活潑好動」而已。別人的小孩「不打不成器」，自己的小孩就得用「愛的教育」。看來，要做到一視同仁，大公無私還真不容易呀。

講到體罰，回想以前讀國中的時候，幾乎每個老師都會打人。有的老師看起來和藹可親，打起人來卻是「殺人不眨眼」，還有的老師特別喜歡在「武器」上下工夫，選那種質地輕有彈性的籐條，一抽下去還會回跳，打在手心特別熱辣椒。但是，打手心真的可以收到管教的效果嗎？考得不好，成績單下來要打；問題是事後才打於事無補。行為表現不好要打，可是對「皮皮」的學生來說，打手心是嚇不了他們的。而且，皮肉之苦對存心要犯錯的人來講，先幹了壞事，再忍一點疼痛也許還算是賺到了。對無心犯錯的人而言，不管有沒有那點皮肉之苦，後悔的心情都是一樣的。

除了體罰，懲處的方式其實是很多的。那體罰的意義到底何在？我不是教育專家，但由自身的體驗來看，小孩，不用打他，應該也是可以教好的。阿米兒，你有福了。

國家圖書館預行編目資料

美國袋鼠媽媽伴學去：1000堂親子溫馨共享的教育課／林滋恩著. --初版. --臺北市:寶瓶文化, 2010. 08
面； 公分. --(catcher；41)
ISBN 978-986-6249-18-1（平裝）

1. 親職教育 2. 親子關係

528.2 99013499

catcher 041

美國袋鼠媽媽伴學去——1000堂親子溫馨共享的教育課

作者／林滋恩
主編／張純玲

發行人／張寶琴
社長兼總編輯／朱亞君
主編／張純玲・簡伊玲
編輯／施怡年
美術主編／林慧雯
校對／張純玲・陳佩伶・余素維
企劃副理／蘇靜玲
業務經理／盧金城
財務主任／歐素琪 業務助理／林裕翔
出版者／寶瓶文化事業有限公司
地址／台北市110信義區基隆路一段180號8樓
電話／(02)27494988 傳真／(02)27495072
郵政劃撥／19446403 寶瓶文化事業有限公司
印刷廠／世和印製企業有限公司
總經銷／大和書報圖書股份有限公司 電話／(02)89902588
地址／台北縣五股工業區五工五路2號 傳真／(02)22997900
E-mail／aquarius@udngroup.com

法律顧問／理律法律事務所陳長文律師、蔣大中律師
如有破損或裝訂錯誤，請寄回本公司更換
著作完成日期／二〇一〇年五月
初版一刷日期／二〇一〇年八月
初版三刷日期／二〇一〇年八月五日
ISBN／978-986-6249-18-1
定價／二八〇元

AQUARIUS 寶瓶文化事業

愛書人卡

感謝您熱心的為我們填寫，
對您的意見，我們會認真的加以參考，
希望寶瓶文化推出的每一本書，都能得到您的肯定與永遠的支持。

系列：catcher 041 **書名：美國袋鼠媽媽伴學去——1000堂親子溫馨共享的教育課**

1. 姓名：__________ 性別：□男 □女
2. 生日：_____年_____月_____日
3. 教育程度：□大學以上 □大學 □專科 □高中、高職 □高中職以下
4. 職業：__________
5. 聯絡地址：______________________________

   聯絡電話：__________ 手機：__________
6. E-mail信箱：______________________________

   □同意 □不同意 免費獲得寶瓶文化叢書訊息
7. 購買日期：_____ 年 _____ 月 _____日
8. 您得知本書的管道：□報紙／雜誌 □電視／電台 □親友介紹 □逛書店 □網路

   □傳單／海報 □廣告 □其他
9. 您在哪裡買到本書：□書店，店名__________ □劃撥 □現場活動 □贈書

   □網路購書，網站名稱：__________ □其他__________
10. 對本書的建議：（請填代號 1.滿意 2.尚可 3.再改進，請提供意見）

    內容：__________

    封面：__________

    編排：__________

    其他：__________

    綜合意見：______________________________
11. 希望我們未來出版哪一類的書籍：______________________________

讓文字與書寫的聲音大鳴大放

寶瓶文化事業有限公司

（請沿此虛線剪下）

廣 告 回 函
北區郵政管理局登記
證北台字15345號
免貼郵票

寶瓶文化事業有限公司　收

110台北市信義區基隆路一段180號8樓

8F,180 KEELUNG RD.,SEC.1,

TAIPEI.(110)TAIWAN R.O.C.

（請沿虛線對折後寄回，謝謝）